거룩한 생명의 씨앗

거룩한 생명의 씨앗

유지원 목자 지음

시편 23편

1 여호와는 나의 목자시니 내게 부족함이 없으리로다

2 그가 나를 푸른 풀밭에 누이시며

쉴 만한 물 가로 인도하시는도다

3 내 영혼을 소생시키시고

자기 이름을 위하여 의의 길로 인도하시는도다

4 내가 사망의 음침한 골짜기로 다닐지라도

해를 두려워하지 않을 것은

주께서 나와 함께 하심이라

주의 지팡이와 막대기가 나를 안위하시나이다

5 주께서 내 원수의 목전에서 내게 상을 차려 주시고

기름을 내 머리에 부으셨으니 내 잔이 넘치나이다

6 내 평생에 선하심과 인자하심이 반드시 나를 따르리니

내가 여호와의 집에 영원히 살리로다

차례

프롤로그 1
하나님의 선물 ... 11

프롤로그 2
생명과 사랑 ... 13

1부 하나님

태초에 하나님이 천지를 창조하시니라 ... 19
하나님이 원하시는 마음으로 예배를 드려라 ... 21
하나님만 섬겨라 ... 25
하나님의 온전한 사람 ... 28
하나님을 알리는 홍보대사 ... 30
하나님을 기뻐하라 ... 36

2부 진리

진리의 밧줄 구원의 밧줄 ... 41

본질을 보라	45
강도가 바라본 생명의 빛	50
하늘의 본질 세상의 본질	55
선택에 따른 심판	60
거룩한 경계와 구분	63

3부 기도, 말씀

기도가 무엇인지 우리는 알고 기도하는가	69
기도	73
회개	77
말씀을 경홀히 여기지 마라	81
살아있는 말씀의 능력	86
말씀에 빠져보라	93

4부 교회

생명을 살리는 성전	99
주님과 함께하는 삶	101
하나님 앞에 충성하는 자	105
하나님이 약속하신 장소	110

하늘을 하늘답게 하라 118
생명을 살리는 마지막 은혜의 방주 124

5부 믿음

하늘에 새겨진 계약서 129

성령의 바람 133

우리는 하늘나라의 유리창 137

어둠 속에 빛나는 별 140

하늘나라 지상천국 143

의인의 지혜 148

6부 예수님, 십자가, 부활

기쁘다 구주 오셨네 155

생명의 빛 159

성탄의 기쁨 162

예수 그리스도를 닮지 않은 그리스도인 166

생명의 탯줄 영혼의 호흡 169

예수님의 이름은 하늘의 마스터 키 174

죽기까지 복종하라 179

33살의 젊은 청년 예수 그리스도　　　　　　　　　　183

기적　　　　　　　　　　　　　　　　　　　　　　186

패션 오브 크라이스트　　　　　　　　　　　　　　190

십자가의 무게와 아픔　　　　　　　　　　　　　　193

십자가의 삶　　　　　　　　　　　　　　　　　　196

7부 서원, 축복, 성령

서 원　　　　　　　　　　　　　　　　　　　　　　203

서원은 생명을 잉태하는 것　　　　　　　　　　　　208

보혜사 성령님　　　　　　　　　　　　　　　　　　210

아브라함의 복이 임하니라　　　　　　　　　　　　214

8부 신앙생활

누가 지혜로운 사람인가　　　　　　　　　　　　　221

네 보물 있는 곳에 네 마음도 있느니라　　　　　　226

101번 넘어져도 102번째 일어나는 사도 바울　　　228

지구 동산에 피어오른 아름다운 꽃들　　　　　　　231

게으른 자　　　　　　　　　　　　　　　　　　　　234

주 앞에서 깨끗한 사람이 되라　　　　　　　　　　238

참된 영적 능력 242

9부 에세이, 블로그
보이는 꽃보다 보이지 않는 뿌리가 중요하다 249
여름! 254
가을이 점점 깊어가고 있습니다 258
지혜롭게 살아라 262
하늘의 사명자 266
함께하시는 예수님 268

프롤로그 1

하나님의 선물

하나님의 은혜로 살아온 인생의 사계절과
신앙의 사계절을 겪으면서
비틀비틀 걸어온 발자욱 속에 담겨진
삶의 알맹이를 나름 모아보았습니다.
부족하고 서툴지만, 하나님이 주신 선물이기에
혹시 본질이 손상될까 봐,
사족이 될까 봐,
생생한 그대로 옮겨보았습니다.

또한 하나님이 지으신 자연 만물 속에 들어가서
그들과 함께 숨을 쉬며
충만한 생명의 소리를 듣고
싱싱하게 살아있는 기쁨의 율동을 느끼며
온유하고 부드러운 그들을 손으로, 마음으로 만지면서
감동이 되고 감격이어서

미숙하지만 본 대로 느낀 대로 써 보았습니다.

자연 그들도 사시사철을 겪으면서
비바람과 눈서리 맞고 뜨거운 태양이 내려 쬐일 때
온갖 시련과 고통과 많은 아픔이 있었지만
그들은 거부하지 않고 모두 받아들였습니다.
그래서 그들 속에서는 오히려 엔돌핀이 돌아
생명의 싹을 내고 잎이 피고 꽃이 피어
아름다운 열매를 맺었습니다.

자연은 인간에게 많은 지혜를 주고
많은 것을 가르쳐주는 선생님이었습니다.

생명을 살리는

선한 빛 생명의 빛 교회 유지원 목사

프롤로그 2

생명과 사랑

주님이 우리에게 약속하신 말씀입니다.
나 여호와가 너희 가운데 축복한 것이 있으니
그것이 바로 생명과 사랑이노라.
생명 가운데 아름답지 않은 것이 없고
사랑 가운데 모자란 것이 없노라.
내가 준 이 생명과 사랑을 누리는 자, 그가 세상을 누리는 것이다.

흠 없는 생명,
그 주어진 것을 만끽하는 자,
그 자가 멋진 자이다.
사랑은 불가능을 가능케 하며
사랑은 이길 힘을 주고 또한 사랑은 무에서 유를 만들어 내고
사랑은 죽은 사람도 살리는 것이니라.

사랑에서 나오는 그 모든 감정은 참으로 아름답다.

애환과 분노까지 아름답다.

나로 인해 나를 사랑하기에 오는 그 모든 것들,

웃고 울고 사랑이 너를 숨 쉬게 하고 그 사랑이 너를 움직이게 한다.

사랑이 생명의 원천이노라.

원동력이노라.

유지원 목자

1부

하나님

태초에 하나님이 천지를 창조하시니라

하나님이 원하시는 마음으로 예배를 드려라

하나님만 섬겨라

하나님의 온전한 사람

하나님을 알리는 홍보대사

하나님을 기뻐하라

태초에 하나님이 천지를 창조하시니라

창 1:1

하나님이 태초에 천지를 창조하셨습니다.
하나님이 천지를 창조하셨음을 여러분 믿고 있습니까.
그렇다면 여러분의 신앙 속에 창세기가 확실히 자리 잡고 있는가.
창세기는 기원입니다.

태초에 하나님이 천지를 창조하셨느니라.
그렇다면 지금 여러분의 신앙 속에 신앙의 천지가 다 들어가 있는가.
정말 여러분의 신앙 안에 우주가 다 들어가 있는가.
진정으로 이 모든 것이 다 들어갈 만큼 큰 믿음인가.

내 신앙에 말씀이 있는가.
내 신앙에 초심이 있는가.
여러분의 신앙에 창세기가 들어가 있으려면
아브라함도 돼야 하고 이삭, 야곱, 요셉도 돼야 하는데 그렇게 돼 있는가.

이렇게 창세기에 나오는 모든 인물들의 삶이 다 들어가 있으려면

믿음의 그릇이 얼마나 커야 하는지 상상이나 해 보았는가.

지금 주님께서 말씀하시는

여러분의 신앙에 창세기가 들어가 있는가 라는 질문은

엄청난 큰 질문인데 누가 아멘으로 화답할 수가 있을까.

이런 질문은 영적 귀가 열린 자만이 들을 수 있는

엄청나게 큰 질문입니다.

영적 눈을 뜬 자는 이 질문에 대한 답을 할 수가 있습니다.

귀 있는 자는 들으십시오.

하나님이 원하시는 마음으로 예배를 드려라

행 2:46-47

성경은 우리가 살고 있는 이 시대를 마지막 때라고 하고 있습니다.

이 마지막 때 하나님은

사랑하는 자녀들의 중심을 보시고 진심을 받으시기를 원하십니다.

이 시대 모든 기독교인들,

어떤 마음으로 성전에 모였으며,

어떤 마음으로 말씀을 먹고 힘쓰는지

하나님은 그것을 보십니다.

진정 이 시대 기독교인들,

하나님을 찾고 부르짖는 이유가 무엇인가.

모두가 어떤 중심으로 모여서 하나님을 찾고 부르짖는가.

그저 잘살아 보세인가.

그렇다면 그것은 60~70년도에 했던

새마을 운동과 무엇이 다르단 말인가.

하나님이 원하시는 마음으로 성전에 모이고
하나님이 원하시는 마음으로 예배를 드리십시오.
이제는 하나님의 자녀라면, 그 누구든 하나님의 일을 하셨다는 마음
또한 하나님의 속이 상하신 안타까운 마음을 대면하고 나타나서
마지막 때 하나님의 계획하심대로
순종하며 힘을 쓰며 성전에 모일 때입니다.

성전에서 복 주세요, 만나주세요
해서 복 받고 만났으면 이제는 그런 목적이 아니라
성숙한 신앙인으로서 마지막 때 한 영혼이라도 더 구원시킬 수 있는
군사로서 성전에 모여야 한다고 말씀하셨습니다.

생명을 살리는 성전,
생각하면 생각할수록 기쁨이 넘칩니다.
하나님의 계획을 알게 되니 기쁘고,
말씀을 들으니 기쁘고,
깨어 있어서 바라볼 때
눈에 보이고 귀에 들려오는 모든 것이 다 기쁜 것입니다.
어서 말씀을 듣고 깨어나서 여러분 각자 몸 된 성전에

티끌만 한 찌꺼기 하나도 없게 하라 하십니다.

하나님의 말씀은 온전하십니다.
온전한 말씀을 먹는 지금
여러분은 어떤 마음가짐의 준비를 하고 있습니까.
새 술은 새 부대에 담습니다.

예배가 매번 매시간 있다고
그저 적당히 하나님의 말씀을 먹지 말고
하나님을 대하는 태도, 예배를 드리는 자세, 음성을 듣는 자세
또 하늘의 직언을 전하는 목사를 대하는 자세가 달라지면
자신의 감각이 달라지고 신앙의 위치가 달라지고
또한 하나님이 우리를 대하시는 모습도 달라진다고 하셨습니다.

그러니까 이제 이 시대를 사는 여러분 한 사람 한 사람이
준비된 신부로 서 있어야 축하해주러 많은 하객들이 오지
결혼식장이 텅텅 비어있으면 되겠는가 하십니다.
진정 우리가 하나님을 만나는 기쁨으로 준비되어 있다면
사람을 교회로 보내는 것은 하나님이십니다.

구원의 역사와 모든 주권이 하나님께 있음을 꼭 명심하시기 바랍니다.
지금도 어떤 사람들은 이 부분을 보고 초대 교회처럼 각자
또 자기도 다 바치고 네 것 내 것 없이 살자는 사람도 있습니다.
그러나 2천 년 전 예수님의 제자들이 이렇게 했듯
핵심을 알라고 하십니다.
핵심이 없는 행동만 하는 것은 아닙니다.

또 2천 년이 지난 지금 우리가 할 수 있는 것은
그렇게 눈에 보이는 것뿐 아니라
눈에 보이지 않는 것도 내놓고 함께 할 줄 알라고 하십니다.
정말 좋은 것은 안 내놓고서 나만 나만 하면서
자기 것만 취하지 말라고 하십니다.
하늘은 나누면 나눌수록 배가 됩니다.
영육 간에 모든 것을 내놓을 때 하나님이 채워주신다고 말씀하십니다.
우리가 우리의 것을 다할 때 하나님이 그때 일하신다고 하십니다.
그 일이 바로 우리 힘으로 할 수 없는 놀라운 일이며
그것이 바로 온 인류 구원의 역사다 이 말입니다.

하나님만 섬겨라

신 6:5

이 시대 성도들의 신앙의 큰 문제점이 무엇인가 하면

하나님을 안 섬기는 것이 아니라

하나님만 섬기지 않는다는 것.

하나님도 섬기고 우상도 섬깁니다.

예수를 안 믿는 것이 아니라

예수도 믿고, 세상도 믿고,

돈과 권력도 믿는 것입니다.

일단 선을 긋는 것이,

선을 긋는 싸움이 그렇게 어렵습니다.

하루아침에 되는 것은 아니지만 분명히 해둬야 할 일입니다.

사람들은 조금도 심각히 생각하려 하지 않고

그저 적당히 가려고들 합니다.

그러나 길이요 진리요 생명이신 예수님을 믿고 따른다는 것이 그렇게 적당하지 않습니다.

성도 여러분이 진정한 하나님의 자녀로서의 위치를 확보하고 있다면
우리는 그 누가 뭐래도 하늘나라에 가서 살 준비 하는 자로써
하나님의 통치에 익숙한 자가 되는 것이고
이렇게 하나님이 내 편인 이상
하나님은 우리에게 복을 주실 수뿐이 없는 것입니다.

진심으로 내가 하나님의 통치에 순응하면
하나님이 그의 생명과 복으로 나를 감싸 주시어서
그래서 우리가 복이 무엇이고
하나님이 함께하는 기쁨이 무엇인지를 알게 하시는 것입니다.
또한 우리가 그 통치를 거절하면
우리는 위기의 자리, 불안의 자리, 흑암의 자리에 가서
썩는 모습을 보게 될 것입니다.

신앙의 내용은 결국 하나님이 누구시며
하나님이 어떻게 일을 하시며
하나님이 무엇을 원하시는가의 깨달음입니다.

그 권좌에 계시는 하나님,

우리는 그의 기르시는 어린 양.

그가 다스리는 백성, 그가 사랑하는 그의 자녀이지

우리가 주인이 아닙니다.

이것을 아는 것이 신앙입니다.

하나님의 온전한 사람

좋은 달걀이 좋은 닭이 되는 것입니다.
그리고 좋은 닭은 좋은 달걀을 낳습니다.
우리는 지금 하나님의 온전한 씨앗이 심기어져 있기에
100% 하나님과 온전해질 수가 있습니다.
그러나 보다 중요한 것은
그 좋은 달걀이 부화하기도 전에 깨져버리면
무슨 소용이 있겠습니까?

또 하나, 좋은 닭이 달걀을 품지 못하면 무슨 소용이 있겠습니까.
여기 하나님의 자녀들, 특히 선한 빛 생명의 빛에서
하늘의 직언을 듣는 우리들은
이미 하나님에게서 좋은 생명의 달걀로 태어나서
하나님 아버지께서 우리를 품어 부화시켜 주셨습니다.
그래서 이제 우리 모두는 누구든 상대를 사랑하는 마음으로
각자 자기 새끼를 품으셔야 합니다.
품을 수 있는 넉넉함과 아량을 주님께 구하십시오.

그래서 이웃과 세상을 품어보십시오.

하나님 아버지께서 우리를 참고 수고하여 품었던 것처럼 말입니다.

그렇게 우리도 상대를 위해 수고하여야 합니다.

수고한 자들만이 하나님 품속에서 쉴 수 있는 자격을 얻을 수 있습니다.

수고하고 무거운 짐 진 자들아 다 내게로 오라

내가 너희를 편히 쉬게 하리니

하나님 품 안에서는 무한한 사랑을 체험하게 하십니다.

그 안에서 인내와 따뜻함을 배우게 되는 것입니다.

우리는 그동안 하나님의 품 안에서

얼마나 많은 사랑과 용기를 얻었습니까.

그렇다면 이제 여러분의 이웃들이

여러분의 품속에서 쉼을 얻게 하십시오.

우리가 하나님의 품속이 되어 주십시오.

그럴 때 바로 하나님의 온전한 사람이 될 것입니다.

하나님의 온전한 사람은 하나님 품속에서 온전히 거해본 자이며

그 온전한 품을 이웃에게 체험하게끔 돕는 사람입니다.

그러니까 먼저 우리가 하나님 품 안에 거하셔야 합니다.

하나님을 알리는 홍보대사

생명을 살리는 선한 빛 생명의 빛, 마지막 시대 은혜의 방주.
지금 아버지의 뜻대로, 하나님의 계획대로 잘 순항하고 있는가요.

이 시대 많은 사람이 환상과 성령의 역사를 무시합니다.
하나님이 하신 것임에도 이단의 술수고 마귀가 하는 것이라 하며
성경만 보고 살아야 한다고 가르친다고 하나님이 말씀을 주셨습니다.
그래서 영적 귀와 눈을 가리고 마는 현실이 돼버렸습니다.

하나님 아버지가 주시는 것이 분명한데 믿지를 않습니다.
성령의 역사를 보면서도 하는 말이
그것이 사람의 생각인지 악한 영이 주는 것인지
어찌 알겠느냐며 비난까지 합니다.
그래서 믿는 사람들조차도 이런 자들의 소리에 혼란을 겪게 되며
자신의 믿음을 버리는 자도 나타나고 있습니다.

그러나 여러분,

마지막 종말의 시대 그때에도 정말 믿음을 지키고 있겠는가.

과연 누가 끝까지 지키고 있는지 그것이 문제입니다.

믿음의 끈을 놓친다는 것은, 버린다는 것은

그것은 조금만 틈만 있어도 자신이 믿는 하나님에 확신이 없으면

언제든지 그렇게 될 수가 있는 것입니다.

많은 사람들이 특히 목자들까지

하늘의 환상과 성령의 역사를 무시하고 있으나 아닙니다.

이런 역사는 말씀을 사모하고

성경대로 사는 자에게 함께 일어나는 역사입니다.

지금 이 시대, 성령을 그토록 강조하는 교회들조차

여기 선한 빛 생명의 빛처럼 성경을 보라고 안 한다고

하나님이 말씀하셨습니다.

그러시면서 선한 빛 생명의 빛은

하나님을 알리는 홍보대사라고 하셨습니다.

한국을 알리는 홍보대사가 있듯이

하나님을 알리는 홍보대사, 대표 얼굴이라고 하셨습니다.

지금 많은 사람이 하나님을 안다고 하지만

하나님을 알고 있다는 것이 잘못된 것이 많다고 하셨습니다.
예를 들면,
저들이 안다는 것은 불상 앞에 지나가면서 부처다~ 하는 것처럼
죽은 하나님을 안다고 하는 것이고
또 동물원에 가서 칸막이 안에 있는 동물,
저 멀리 만질 수도 없는,
구경만 하는 것을 안다고 하는 것과 같다고 하셨습니다.

그러나 성경에서 하나님이 나를 알라고 하신 것은,
알라고 강조하신 것은
하나님과 같이 사는 것, 부부가 같이 사는 것처럼
하나님과 같이 산다는 것을 안다라고 하는 것이지,
그저 멀리서 구경하고 지켜보고
그저 관상용, 전시용 이런 것이 아니고
말씀이 살아 움직여서 삶 속에서 함께 사는 것,
이것을 안다고 하는 것이라고 하셨습니다.

그런데도 하나님은 조용히 구경꾼처럼 있고
자신들이 판을 치고 있는 세상 그런 모습을 보고

성경에서 잘 먹고 잘 살아라가

생육하고 번성하라 하는 것이다 라고 해석해서 가르치면

절대 안 되는 것입니다.

주님을 모르고 주님을 벗어난 자기가 판치는 것은 아닙니다.

이 시대, 이런 범주에서 벗어난 교회가 있으면 말해 보십시오.

내가 그런 교회를 광고하고 전도하겠습니다.

여기 선한 빛 생명의 빛 교회는

하나님에 대해 잘못 알고 있는 것들에 관하여

올바르게 알리는 곳입니다.

그러므로 여러분은 하나님을 알리고

하나님이 말씀하신 진리를 알리면 된다고 하시면서

이 교회를 부흥하게 하는 것은 하나님 아버지의 몫이라고 하셨습니다.

진리의 수호자들이 소수였던 것같이

이방의 빛인 이스라엘 민족이 소수였던 것같이

그러나 하나님 아버지는 그 소수의 불씨를 쓰신다고 하시면서

우리는 아무 염려하지 말고 아버지께 사용받기만 하면 되니

아버지께서 알아서 언제나 그 방향을 인도하신다고 하셨습니다.

아버지께서 계속 이어서 말씀하시기를

내가 기뻐하는 성전에서는 환상으로,

때로는 성령으로 계시하신다고 하셨습니다.

나의 계시는 끊어지지 않고 계속해서 이어지고 있다.

하지만 많은 자들이 불신과 의혹으로 이 엄연한 사실,

현실을 믿지 못하고

그래서 성령을 뺏기고 하나님을 뺏기고

은혜를 뺏길 때가 온다고 하셨습니다.

그러나 그때 그 마지막 때,

살기 위해서 찾아야 할 곳이 여기 선한 빛 생명의 빛 방주이고

바로 요셉이 곡식을 쌓아둔 것처럼

여기는 바로 말씀을 쌓아둔 곳이라고 하셨습니다.

그러므로 여러분 모두는 지금 하나님이 주시는

직언의 말씀들을 받아서

차곡차곡 쌓아둬야 한다고 하시면서

여기 선한 빛 생명의 빛에서는

하늘의 신비한 일들, 신기한 일들이 금지가 아니라

진짜 신기한 일들이 눈앞에 펼쳐질 것이라 하셨습니다.

성령님은 참고 계시다가 때에, 알맞은 때에 역사하십니다.
하늘은 바로 그렇게 신비가 무궁무진한 곳입니다.

하나님을 기뻐하라

이 시대 기독교인들,

진정 하나님 아버지를 얼마나 알고 있는가.

하나님 아버지를 진실로 안다면,

하나님이 나와 함께 동행해 주신다는 것이 무엇인지 알게 될 것입니다.

우리는 죽을 때까지 매 순간 하나님 알기를 힘써야 합니다.

그래서 하나님으로 감격하고

하나님으로 감사하고 기뻐하는 자가 되십시오.

하나님과 함께 삶을 산다는 기쁨,

하나님과 대화를 하는 기쁨,

이것은 참으로 놀라운 일입니다.

하나님을 알면 세상도 다 알 수가 있습니다.

왜냐면 하나님이 만드신 세상이니까요.

그래서 성경은 만물 사용 설명서입니다.

하나님을 아는 자,

하나님에 대해 많이 알고 있는 자,

그자를 이길 자가 세상엔 없습니다.

하나님 아버지를 연구해 보십시오.

오직 하나님만을 세상의 유익과 연결시키지 마시고

순수하게, 하나님만 연구하는 사람에겐

그래서 하나님을 알게 될 때

하늘의 것을 다 가질 수 있고 얻을 수 있습니다.

진정으로 하나님을 알아야 더 깊은 대화를 할 수 있고

마지막 시대 하나님께서 역사하시는 뜻을 알 수가 있습니다.

더 깊이 알아야 들을 수 없는 음성을 들을 수가 있습니다.

지금 우리는 생명을 살리는 선한 빛 생명의 빛에서

하나님 아버지의 직언을 들으면서 어떤 대가를 치렀습니까.

얼마나 하나님을 알기 위해 연구했고

또한 이 참 진리를 위해 무엇을 던졌습니까.

하나님이 우리에게 바라시는 것은 참사랑입니다.

이렇게 참사랑을 한다면

서로 사랑하는 사이인데 무엇이 귀찮은 게 있고 싫은 것이 있겠습니까.

이제 부르짖고 간구하며

하나님을 뜨겁게 사랑하는 열정의 열매를 맺으십시오.

스데반 집사님이 돌에 맞아 죽으면서도 기뻐할 수 있었던

그 참 기쁨, 참사랑.

우리는 지금 돌에 맞아 죽지도 않았는데 얼마나 기뻐하고 있습니까.

항상 기뻐하고 쉬지 말고 기도하고

범사에 감사하는 여러분이 되시길 축원합니다.

2부

진리

진리의 밧줄 구원의 밧줄

본질을 보라

강도가 바라본 생명의 빛

하늘의 본질 세상의 본질

선택에 따른 심판

거룩한 경계와 구분

진리의 밧줄
구원의 밧줄

누가 이 시대 기울어지고 쓰러져 있는 십자가를 바로 세워야 하는가.

곧바로 말씀드리면,

올바른 진리를 손에 쥐고 십자가를 진 자들만이 할 수 있습니다.

그 피 묻은 십자가에 빛이 나는 하늘의 사랑으로 할 수 있는 것입니다.

하늘은 절대자의 사랑만이 존재하는 곳입니다.

하나님이 우리를 사랑하시기에 선택하셨으며

우리를 사랑하시기에 징계하시는 것입니다.

하늘의 사랑을 진하게 느끼는 곳이 광야에서였습니다.

그러나 이제 하나님이

가나안에 들어갔으면 직접 손으로 소산물을 일궈 먹으라고 한 것이

하나님의 사랑이 끝나서 그런 것입니까.

아니지요.

이제 신앙에서 광야 생활을 마치고 가나안에 들어왔으면

더 큰 하나님의 사랑과 은혜를 느껴야만 합니다.
인간의 한계의 사슬을 풀어준 곳이 가나안입니다.
우리의 활동 한계, 생산의 한계, 믿음의 한계 등
모든 것을 자유라는 굴레 안에서 풀어주신 것이 가나안입니다.
그렇다면 지금 우리의 눈은 어느 곳을 향하고 있는가.

아직도 미련을 버리지 못하고 광야만 생각하십니까.
자유를 주신 감사함,
누리라고 주신 자유,
이것을 올바르게 누리지 못하고 하늘을 향해 계속 가야 할 눈들이
지금 땅만 바라보고, 사람만 바라보고
그래서 결국 스스로를
자기 굴레 속으로 넣어버리고 있지는 않습니까.

그래서 하나님은 하나님이 기뻐하시는 성전과 종을 통해
그동안 잠잠했던 하늘의 사랑이 세상에 요동치도록
하늘의 직언을 선포하시는 것입니다.
하늘의 신뢰를 다시 회복할 수 있는 기회를 얻은 것입니다.

분명히 말씀드리지만,

노아의 시대, 그의 여덟 식구만 구원받았고

예수님의 시대에도 예수님을 믿고 따르는 자들만 진정한 구원을 얻고

하늘에 임할 수가 있었습니다.

이제 마지막 은혜의 방주,

구원의 밧줄,

진리의 밧줄을 놓치지 마십시오.

하나님이 주시는 직언,

예수님이 함께하시는 그 길이

길이며 진리이며 생명입니다.

그 길만이 영생의 길입니다.

그래서 그 길을 따르는 자들의 기쁜 찬미와

놀라운, 영광스런 함성과 감격이

계속 천지에 울려 퍼지도록 하여야 합니다.

이제 마지막 은혜의 방주, 선한 빛 생명의 빛에서

하늘의 기쁨이 되는 자녀들이 계속 나올 수 있도록

이 교회를 전하고 하늘을 경배하고 찬양하십시오.

진정 하나님이 기뻐함으로 기뻐하는 자,
이웃의 기쁨이 나의 기쁨이 되는 것,
진정 그런 자가 하늘의 생명, 영혼을 키울 수가 있습니다.

이제 하늘에 대한 가치 평가 기준이 달라야 합니다.
자기 자신을 먼저 예수님의 말씀 안에서 인내하며 깎아 만들 때
조용히 침묵하며 순종하며 따라가야만 합니다.
하늘 문을 열어준 여기에 오셔서 자기 마음을 찢어 성숙하셔야 합니다.
그래서 자기 영혼을 온전히 주께 맡겨야 합니다.

그러기 위해서 먼저 회개를 하십시오.
보혈의 피로 완벽한 회개를 하십시오.
작은 것부터 진심을 다하십시오.
진리가 움직이도록 말입니다.
결심해도 무너지는 것은 단호함이 없고 완벽하지 않아서 그렇습니다.

본질을 보라

지금부터 2천 년 전 유대 땅에 예수 그리스도가 메시아로 오셨을 때
사람들이 자기 생각과 자기식으로 기대한 것이 있었습니다.
어쩌면 2천 년이 지난 지금 이 시대도 마찬가지입니다.
자기식대로, 자기 방식대로 예수님을 기대하고 있습니다.
그래서 교회마다, 교인마다 그 섬기는 방법도 제각각입니다.

그러나 예수님은 사람들의 기대에 부응하기 위해
오신 분이 아니십니다.
오직 하나님의 뜻에만 부응하러 오신 분이십니다.
지금 이 시대 우리가 예수를 믿고 따르고 있다면
명심하여야 할 부분입니다.
사람의 생각으로 예수를 이렇게 저렇게 하려 하지 말아야 합니다.

보십시오.
사람의 기대로 생각해 보면,
오신 예수님은 정말 형편없는 사람입니다.

왜 그런가.

사람의 기대로 보기 때문입니다.

그러니까 자기를 구원해주는 개념 자체가

육적인 것에 생각하고 보고 있기 때문입니다.

지금 자기들의 로마의 억눌림에서 해방시켜주고

자기들의 왕, 자기들이 세운 왕으로만 보았지

진정한 하늘이 보낸 메시아임을 보지 못했습니다.

그들의 기대에 형편없는 예수의 모습이었기에

그들의 손에 메시아인 예수가 형편없이 죽지 않았습니까.

인간들의 기대에는 정말 형편없는 예수님이셨지만

그러나 하나님의 기대에는 최고였습니다.

보십시오.

그렇게 연약하고 볼품없고 형색이 말이 아닌 분이

하나님 아버지의 기대에 부응하는 최고였지 않습니까.

여러분,

진리가 빛을 잃고 죄가 난무하는 이 시대

하나님의 사람들은 어떤 모습으로 그 진리의 빛을 비추고 있을까요.

보통 사람들이 이런 말들을 합니다.

정심(正心)을 가져라.

즉, 바른 마음을 가지라는 뜻입니다.

바른 마음을 갖고 있어야

바른 것이 무엇인지를 볼 줄 알게 된다고 합니다.

이것을 정시(正視)라고 합니다.

또 바른 것을 볼 줄 아는 눈을 지닌 자는 바르게 행동합니다.

이것을 정행(正行)이라고 합니다.

그러니까 정심과 정시와 정행까지

이렇게 바른 행동까지 이어져야 한다 이 말입니다.

그러나 우리가 믿는 기독교는

바른 마음을 넘어 바른 영혼까지입니다.

똑바로 서 있는 영혼에서 모든 것이 시작합니다.

영혼이 바로 서 있지 못하면 보는 눈도 삐뚤어지고

그래서 그다음 행동까지 역시 삐뚤어지게 되는 것입니다.

영혼에 유익한 것에 힘을 쏟으십시오.

그것은 바로 하나님 말씀입니다.

그래서 말씀에 생명을 걸어라,
말씀을 들을 수 있는 예배에
생명을 걸라고 강하게 요구하는 것입니다.
그래서 예수를 믿는 기쁨이 표정에서도 나오고, 동작에서도 나오고
웃음 속에서도 나오고 눈물 속에서도 나와야 합니다.

우리의 영혼이 예수의 피로 깨끗이 씻겨져 청결한데
그 피부에도, 살에서도 그 기쁨과 환희가 넘쳐나야 합니다.
이제는 그 정도가 아니라 그 빛깔들이 너무 아름다워서
형용할 수가 없어야 합니다.
이제는 하나님의 음성을 듣는 순간,
하늘 것이 닿는 순간 그 희열이 몸속에서 몸부림을 쳐야 합니다.

맑고 시원한 그 세찬 물살 속에서
찬란한 빛을 발하는 황금빛 잉어처럼
우리의 영과 육이 빛을 내야 합니다.
밝은 태양이 떠오를 때,
아침 이슬에 비치는 그 이슬의 영롱한 빛깔,
형용할 수 없는 아름다운 빛깔처럼

이제는 우리의 영과 육이 멋지게 빛을 내야 합니다.

우리는 이미 이 멋진 빛을 발할 수 있는

모든 것을 다 받은 자들입니다.

충분히 멋질 수 있습니다.

누가 우릴 멋지게 만들어 줄 것이라고 착각하지 마시고

스스로 하십시오.

강도가 바라본 생명의 빛

눅 23:39-43

사람이 자신의 죄를 보고 죄악을 볼 수 있는 것은 큰 복입니다.

자신의 허물을 허물로 볼 줄 아는 것,

자신의 죄를 죄로 볼 줄 아는 눈,

그것이 큰 복입니다.

왜냐면 자신이 죄인이면서

자신의 죄를 모르는 자가 허다하기 때문입니다.

물론 알면서도 고치지 못하는 자도 많습니다.

그러나 먼저 아는 것이 중요합니다.

알아야 진단을 내리지요.

알아야 어디를 어떻게 고칠 줄 알기 때문입니다.

의사나 자동차 정비공이나

먼저 증상을 듣고 사람 몸에 어디가 아픈지

진단을 잘하는 자가 명의입니다.

보통은 증상이 있는데 원인을 모를 때가 많습니다.
의사 잘못 만나면 횡설수설 이것 찍고 저것 찍고
돈만 낭비하게 만듭니다.
자동차도 미세한 부분 어디에 이상이 있나
단번에 아는 자가 기술 있는 엔지니어인 것처럼
우리는 먼저 자기 자신을 진단할 줄 알아야 합니다.

십자가에 달린 두 사람 모두 똑같은 죄인이었습니다.
두 죄인은 십자가에 못 박힐 정도의 중죄를 지어서
십자가에 매달렸습니다.
예수님에 대해서도 두 사람 어느 누가 특별히 알았다던가,
기적을 행하신 것을 보았다든가
그런 것은 없었습니다.

십자가 처형당하는 날, 예수님을 똑같이 처음 본 것입니다.
여기까지는 똑같았지만 이제 예수님을 만나고 나서
한 죄인은 변했고 한 죄인은 변하지 않았습니다.
변하지 않은 죄인은 예수님에게 비꼬듯이 말합니다.
네가 그리스도가 아니냐.

너와 우리를 구원하라 라고 예수님께 명령을 합니다.

예수님에게 반말은 물론이고

사단이 죽기 직전에 더 발악하듯이

그 말속엔 모든 악이 가득했습니다.

자신이 죽을죄를 저질러놓고도 내가 왜 죽어야 하나

원망이 가득했고 그 십자가에서 내려가고 싶어 했습니다.

자신은 죽을 이유가 없으니 메시아야 나를 살려내라

이건 명령인 것입니다.

그런데 이 죄인을 꾸짖은 다른 죄인은 달랐습니다.

예수님을 만나고 나서 달라졌습니다.

예수님을 직접 보니 그의 얼굴은 선함 그 자체였고

자신들과 같은 부류와는 절대 다른 그런 분임을

마음속에서 믿음으로 다가왔습니다.

나는 죽어 마땅한 죄인이지만

저분은 왜 이곳에, 내 옆에 계시나

죄인의 신분이었지만 예수님을 살리고 싶다는 생각까지 하였습니다.

예수님이 자신들과 같은 부류의 죄인 취급을 받고

그 형벌을 받는다는 것이 부당하게 느껴졌습니다.

한 죄인은 나를 살려내라고 하고

또 다른 죄인은 저분을 살릴 수 없을까

그 생각을 하고.

오늘 이 시대에도 이렇게 죽음 앞에서 강퍅해지는 사람이 있고

죽음을 앞두고 예수님을 발견하고 믿는 자가 있습니다.

똑같이 예수님을 보여주셨는데 말입니다.

그것도 십자가에 매달리신 예수님의 초라한 모습을 보여주었는데

한 명은 예수님을 발견하고

한 명은 예수님이 누구신지 알아보지 못했습니다.

두 죄인 중에 예수님을 못 알아본 죄인이 이상한 것인가.

아닙니다.

알아본 죄인이 이상한 것입니다.

우리는 예수님을 어찌 믿게 됐습니까.

대개는 기적을 행하시는 예수,

복을 주시는 예수를 통해 믿게 된 것입니다.

십자가에 매달린 그 처참하고 힘이 없고

볼품도 없는 예수님을 보고 믿지 않았습니다.
바로 그 모습을 보고, 그 모습으로 나타난 예수님을 보고 믿은
죄인의 믿음이 실로 큰 것입니다.

아마 여러분 중에서도 이 죄인처럼
그리 믿게 됐다고 하는 자도 있겠지요.
그러면 십자가를 지고 가는 예수님 곁을 지켜야 하고 따라가야지
도망가서 되겠습니까.
지금 도망갔는가, 도망가지 않았는가 아니면 아직은 모르는가.

예수님께서 당신을 위해 십자가에 못 박히셔서 죽으셨습니다.
우리의 죄를 사하시기 위해 그분이 희생 제물이 되셨습니다.

우리가 전도할 때 새 신자들에게 하는 말입니다.
그렇다면 지금 여러분에게 하나님이 묻습니다.
이 두 죄인에게 나타난 예수의 모습으로 내가 나타난다면
너희는 믿겠는가.
십자가 진 예수를 이론으로 믿는 것이 아니라
실제 믿는 내 자녀들이 되어라.

하늘의 본질
세상의 본질

세상은 본질에다 무언가 덧칠을 하고 꾸미면 더 아름답게 보입니다.
그러나 하늘은 하늘 그 본질에다 무엇인가 덧입히고 설명을 가하면
본질과 더 멀어지고 그 자체의 아름다움이 훼손되고 마는 것입니다.

예를 들면,
이 시대 유명하다는 영적 지도자들을 보면
모두가 한결같이 다른 학자들의 말을 빌려 말하는 것을
참 좋아들 합니다.
'헤겔이 어떻고 칸트가, 칼 바르트가,
누구누구가 이렇게 이야기하지 않습니까.'를 상당히 좋아하고
사람들에겐 '아멘'을 유도합니다.

또한 그 학자들의 논증을 자신의 주장 뒷받침으로 사용하기도 합니다.
그런데요, 학자들 이름 많이 꺼내는 것 좋아하는 사람치고
자신의 주장이 뚜렷한 자가 없습니다.

그래서 그저 그를 뒤따라가기가 바쁩니다.
그런데도 사람들은 그렇게 이야기하는 지도자를 보면
뭔가 있어 보이고 맞는 것 같고, 똑똑해 보이니까
중심 없는 자들은 따라가기 십상입니다.

이것은 본질과 핵심을 놓친 것입니다.
그렇게 학자들이 말을 좋아하는 사람들에게 예수를 증거 할 때
예수가 한 말 그대로 이야기하면 오히려 무식쟁이라며
예수가 한 말 그대로 전한다면 그걸 누가 못하겠느냐 하며
쳐다보지도 않으려 무시합니다.
이렇게 예수님의 말보다 학자들의 말을 좋아하는 사람들은
거기서 한번 비틀어 꼬아서 이야기 하면
와, 우리 목사님 똑똑하다
감탄을 합니다.
그러니까 많이 꼬으면 꼬을수록 더 좋아합니다.
이것은 바로 핵심에서 벗어나는 것, 본질에서 멀어지는 것이고
엑기스에서 벗어나고 진리에서 멀어지는 것입니다.

그러니까 핵심보다는 그 주위를 더 좋아하는 격입니다.

그냥 1을 이야기하고 싶으면 1을 이야기하면 되는데,

425+75-499=1

이럴 필요가 없습니다.

그냥 1은 1입니다. 안 그렇습니까?

그런데 무슨 불필요한 것을 잡아넣고 빼고, 더하고 하느냐 이 말입니다.

사랑하는 성도 여러분은 이제 그런 것에 현혹돼서는 안 됩니다.

본질 그 자체, 진리이신 예수 자체를 사랑해야지

예수를 해석하고 또 해석하고 쪼갠 것을 사랑한다면

그것이야말로 많이 벗어난 것을 붙잡고 사랑하는 것입니다.

그 어떤 뛰어난 인간의 의견이라도

예수님 그 자체보다 중요시될 수 없습니다.

예수가 빛이요 생명이요 예수가 천국 가는 유일한 길입니다.

여러분,

세상의 그 어떤 신학자나 목회자보다도 예수가 중심이 돼야 합니다.

항상 예수님은 이렇게 말씀하지 않았습니까.

예수님은 이렇게 하지 않았습니까.

이렇게 언제나 예수가 최고가 되어야 합니다.

하나님이 기뻐 받으시는 성령 충만한 교회는

하늘 문이 열리고 하늘의 음성이 들리는 곳입니다.

하늘은 심은 대로 거둡니다.

우리의 자유의지는 도덕적으로나 또한 그 이상으로

우리에게 바른 선택을 하라고 주신 것입니다.

이런 은혜 가운데 있으면서도 우리에게 영적으로 죽음이 일어난다면

그것은 우리가 진리를 실천하기를 거부했기 때문입니다.

또 하나,

사랑을 다해서 신의 힘을 사용하기를 완강히 거부했기 때문입니다.

그래서 하늘의 빛 속에서 자라나는 생명의 자발성이

결여됐기 때문입니다.

생명이 가득한 곳에는 활기가 가득합니다.

생동감과 활력이 느껴지며 자신감이 넘칩니다.

이런 자신감은 이 혼탁한 시대를 살아가는 우리 모두에게

최고의 에너지이고 최고의 자본입니다.

이제 하나님을 하나님으로 인정하는

귀한 말씀을 순전하게 받으십시오.

말씀을 놓치면 자신을 볼 수 있는 거울을 깨는 것입니다.
말씀을 놓치면 가치판단이 흔들려서
엉뚱한 객기를 부리게 되는 것입니다.

성령 충만한 교회에서 하늘을 보고 마음껏 상상해 보십시오.
이 시대는 상상력을 자신 있게 하는 자가 필요한 시대입니다.
똑똑하고 많이 아는 자가 아니라
상상을 겁 없이 할 수 있는 자가 필요한 시대입니다.
상상하셨습니까.
그렇다면 자신감을 갖고 믿으십시오.
그래서 상상이 현실이 된다는 확신과
그것을 현실로 만들기 위한 기도와 노력을 계속하십시오.
사고 칠 수 있는 배짱, 설레는 호기심, 흥미로 가득한 뜨거운 열정
또 쉽게 지치지 않고 좌절하지 않는 끈질긴 인내심을 가지십시오.

선택에 따른 심판

내가 아버지 안에 거하고 아버지께서 내 안에 계심을 믿으라
그렇지 못하겠거든 행하는 그 일로 말미암아 나를 믿으라

(요 14:11)

믿으려는 자는 어떻게 해서든 믿고
믿지 않는 자는 어떻게 해서라도 믿지 않으려고 합니다.
예수님도 그것을 아시고 저렇게 말씀하신 것입니다.

"내가 아버지 안에 거하고 아버지께서 내 안에 계심을 믿으라
그렇지 못하겠거든 행하는 그 일로 말미암아 나를 믿으라"

우리가 보통 법정에 선 자들
또는 뉴스 속에 나오는 사람들의 말을 사실로 받아들입니다.
그런데 사실로 못 받아들이면 뭐라고 합니까.
너희 직접 자료조사 해보고 믿어.
자료 보고 그 수치화 된 것을 보고 믿으라고 합니다.

하늘의 특파원, 예수님이 말씀하시는데
하늘의 특파원을 믿지 못하는 자가 수두룩합니다.

그렇기에 예수님은 그 입으로 믿으라고 강요하지 않습니다.
믿음은 너희의 선택이다.
하지만 예수님은 선택하기에 앞서서 먼저 다 보여주십니다.
너무나도 자명하게 확실히 보여주십니다.
선택은 우리의 몫이지만
그 선택에 따른 심판의 결과는 우리가 감당해야 합니다.

하지만 예수님은 우리가 보고 믿으라고 시청각 자료를 다 주십니다.
입으로 그저 믿어, 믿어 하는 것이 아니라
또 강요하는 것이 아니라
행동으로, 보여지는 것으로 믿게끔 하는 것입니다.
믿지 않을 수 없게끔 보여주십니다.

행하는 그 일로 말미암아 나를 믿으라, 행하는 일.
예수님이 행하시는 그 일을 보십시오.
죽은 자를 살리고 병든 자를 고치고

소위 기적이라는 것을 보여주십니다. 기적을..

그런데 기적이 전부일까?

그렇지 않습니다.

예수님이 십자가 지신 일, 십자가에서 죽으시고 부활하신 일.

바로 그것입니다.

물론 치유의 역사도 중요하지만 그것이 전부가 아니라는 것입니다.

물론 사단도 어느 정도까지는 흉내를 냅니다.

하지만 전부를 다 흉내 낼 수는 없습니다.

십자가 지는 것은 못합니다.

예수님이 하셨던 것, 십자가 지는 것은 못합니다.

그것을 보고 우리가 깨달아야 합니다.

거룩한 경계와 구분

사순절이 지나고 고난 주간, 부활절도 지나갔습니다.
우리는 매번 사도신경, 주기도문을 하는
하나님의 사랑받는 자녀들입니다.
무엇을 깨달았는가.
그렇다면 이제 우리 모두는 오직 주만 바라봐야 합니다.
주님 외의 것이 나에게 온다면 발작이라도 일으켜야 합니다.

그런데 진정 우리는 그렇게 예민하고 반응하고 있는가.
그렇지 않을 때는 회개를 하여야 합니다.
주 외에는 생각지 않는 사람이 되는 것이 당연한 것입니다.
오직 주만 바라보고, 주만 생각하고, 오직 주만을 위해
이제 여러분은 그런 거룩한 경계가 있어야 하고
구분이 있어야 합니다.

지금 여러분은 그런 경계선과 거룩한 구분 있는 자로 서 있습니까.
세상 것이 오면 발작이라도 일으켜야지

아무 감각이 없으면 안 됩니다.
세상 것에 반응하고 발작이 오려면
하늘을 진하게 사랑하면 되는 것입니다.
진정 하늘을 진하게 사랑하면
세상 것 멀리해라, 뿌리쳐라 라고 말하지 않아도
자연적으로 그렇게 되는 것입니다.

사순절 기간 동안 사람들이
예수님을 따라 부활절까지 살아보자는 것이
그들의 뜻입니다.
그런데 정말 예수님을 따라서 부활절까지 살았다면,
살은 자가 있다면
그런 자는 부활절 이후에도 예수님을 따라서 살 것입니다.
어디가 끝이라고 정하지 않고 자기가 정한 맥시멈에
플러스알파(+α)가 계속 이어질 것입니다.
진정 좋은 집에 살다 보면
계속 계약을 연장하고 내 집으로 만들고 싶은 것처럼
이와 마찬가지입니다.

실제 예수님 집에 거해본 자라면 나가고 싶겠습니까.
한 번 그곳에 참맛을 알고 살아본 자는
그 어떤 대가나 어떤 값을 치루더라도 살려고 할 것입니다.
예수 안에서, 예수님 집에 살았으면서 다시 나가는 자,
벗어나는 자는 진짜로 살아본 자가 아닙니다.
진정한 목표와 집중력과 관심이 있어 몰입하면
환경은 신경 쓸 것이 못 되는 것입니다.
그 모든 것, 그 어떤 것도 이기고 나갈 수 있습니다.

여러분,
진리가 무엇인지를 알고 있다는 것만으로도
엄청난 힘을 실어줄 수 있는 핵심의 키입니다.
진리가 무엇인지, 이것이 참인지 거짓인지만 알고 있더라도
세상 속에서 하늘의 빛을 낼 수 있는
충분한 것을 지니고 있는 자입니다.

진리는 본래 지식으로 배워서 알 수 있는 것이 아니기 때문에
힘이 있는 것입니다.
세속에 대한 개념들을 완전히 떠나야만 발견할 수 있는 것이기에

힘이 있고 용기가 있는 것입니다.

또한 잃을 것이 없기에 생기는 힘입니다.

오직 주님이 왜곡되지 않은 말씀만이 진리가 되어서 굳건히 우리를 서게 하실 것입니다.

3부

기도, 말씀

기도가 무엇인지 우리는 알고 기도하는가

기도

회개

말씀을 경홀히 여기지 마라

살아있는 말씀의 능력

말씀에 빠져보라

기도가 무엇인지
우리는 알고 기도하는가

우리가 기도한다는 것은

그야말로 엄청난 것을 구할 수 있는 것입니다.

그런데 우리는 지금 어떤 기도를 하고 있는가.

이런 엄청난 것을 구할 수 있는데도

나 자신만, 나만 잘 먹고 잘 살기 위해서 기도하고 있지는 않은가.

우리 한번 생각해 봅시다.

기도는 진주를 발견하기에 앞서서

얼마나 설레는 일이고 신나는 일입니까.

지금 여러분은 캐기만 하면

진주가 무한대로 나오는 곳에 앉아있습니다.

그렇다면 우리는 이 자리에 오기 전에 설레고

또 와서 직접 캐기 전에 설레고

또한 캐서 작업할 때 설레고

그리고 그 흙 속에서, 조개 속에서 진짜 진주를 볼 때 얼마나 설레고 감격스럽겠습니까.

여러분,
우리가 기도할 수 있는 것,
기도할 수 있다는 것
그 자체가 얼마나 큰 특권인지를 먼저 깨우쳐야 합니다.
예를 들어서,
대통령에게 편지를 썼다고 봅시다.
그런데 그 편지가 청와대로 들어가서 대통령 손에 읽혔다고 봅시다.
그리고 그 대통령에게서 답장이 왔다고 했을 때
이 얼마나 감격스런 가문의 영광이겠습니까.
평생 그 편지를 보관할 것입니다.

우리가 하나님 아버지께 기도를 한다는 것은
하나님 아버지 앞에 발언권을 얻어서 말을 하고 있는 것입니다.
그 수많은 자 중에 뽑혀서 발표할 수 있는 기회입니다.
그런데 그렇게 좋은 기회가 왔는데 어떤 이야기를 하실 것입니까.
지금 이 나라, 온 국민 앞에 연설할 기회가 온다면
아니 유엔 총회 강단에 서서 연설할 기회가 온다면

어떤 연설을 하시겠습니까?

나는 연설할 기회를 얻었지만 기회를 못 얻는 자들도 있습니다.
미국에서 한때 흑인이 소외되고 선택받지 못할 때
그들을 대표하는 목소리가 있었습니다.
그들이 인격적인 대우를 받을 수 있도록
소리 내는 목소리가 있었습니다.
하나님 아버지 앞에 발언권을 가졌는데
이왕이면 모든 일을 대표하는 자답게 말하는 것이 낫지 않겠습니까.

그렇게 귀한 자리, 귀한 발언권까지 얻었는데
거기서 한다는 소리가 겨우 양말 빵구 난 이야기 같은
쓸데없는 이야기만 한다면 어쩌자는 겁니까.
진주 보화를 캐내는 기쁨과 설레임,
책임감을 갖고 기도하셔야 합니다.
그렇게 좋은 기회가 왔는데 쓸데없는 소리나 하고
그렇지 않고 축복만 원한다면 어쩌라는 것입니까.

그리고 나서는 나중에 불평, 불만 하는 자들,

심히 안타깝습니다.
말을 많이 하는 것이 중요한 것이 아니라
핵심이 중요합니다.
하나님의 음성을 듣는 자는 하나님께 직접 훈련을 받습니다.
그렇다며 하나님의 음성을 듣지 못하는 자는
훈련을 받지 못한단 말인가.
아닙니다.

하나님 아버지는 사람을 통해서,
환경을 통해서 우리를 훈련시키십니다.
선한 빛 생명의 빛은 이렇게 하나님의 음성으로
목자를 통해서 훈련시키는 곳입니다.

기도

내 이름으로 무엇이든지 내게 구하면 내가 행하리라

(요 14:14)

주와 함께하는 자는

뜨거운 마음으로, 뜨거운 열정으로 기도하셔야 합니다.

예를 들어서,

주전자에 물을 끓일 때 서서히 뜨거워지기 시작합니다.

처음엔 $10°c$, $20°c$, $30°c$, $40°c$, $50°c$, $60°c$, $70°c$, $80°c$, $90°c$.

그런데요 100도에서 끓을 때는

물이 아니라 기체로 변해서 공중을 날게 됩니다.

물을 뜨겁게 끓여서 기체가 된 후에는

불을 약하게 줄여도 계속 끓고 김이 나옵니다.

그러나 끓기 전에는 아주 세게, 최대한으로, 지속적으로,

끊임없이 하는 게 참으로 중요합니다.

우리가 기도로 뜨거워지면

내가 지금 하고 있는 모든 일이 당당하고 자신감이 넘치고

또 미안할 필요도 없고 죄송할 필요도 없습니다.

그렇기에 항상 뜨겁게 똑바로 서 있어야 합니다.

뜨거움이 식으면 사랑도 식기 때문입니다.

우리가 하나님으로부터 받은 사랑이 얼마나 크고 높습니까.

또한 얼마나 뜨겁습니까.

우리가 세상에 그대로 똑같이 표현하며 사셔야 합니다.

사랑은 표현하는 것입니다.

온 맘을 다해서 끔찍이 사랑함을 표현하셔야 합니다.

> 너희가 나를 사랑하면 나의 계명을 지키리라
>
> (요 14:15)

예수님을 생각하고 사랑하며 계속 타오르십시오.

예수님이 에너지입니다.

예수님께 바싹 붙어서 예수님께로 오는 에너지를 세상에 쏟으십시오.

진정 깨끗한 그릇으로 쓰임 받으십시오.

세상의 더러운 때를 청소할 때 당연히 아픔이 있습니다.

그래서 기도로 깨끗이 씻은 진실한 사람이 걷는 진리의 길선
예수님의 피 냄새가 나는 것입니다.
예배드릴 때 마음에 진심이 동하도록 기도하십시오.
예수님과 연결돼야 합니다.
하루의 시작과 끝을 기도로 시작하고 기도로 끝을 맺으십시오.
분명히 말씀드리자면 기도 따로 삶 따로가 아닙니다.

마음의 중심이 제대로 잡힌 자는
아무리 작고 사소한 일에도 진실하며 진실되고
하나님 중심이 분명합니다.
그래서 하늘에 대해 하나를 알더라도
하늘이 100% 참인 것을 알아야 합니다.
작은 겨자씨만큼 작더라도 온전해야 생명이 있습니다.
보십시오.
아기가 태어날 때 아주 작더라도
가져야 할 것은 다 갖고 태어나야 온전한 것입니다.

생명을 살리는 선한 빛 생명의 빛에 푹 빠져보십시오.

그래서 온전한 빛을 받으십시오.

그래서 캄캄한 이 시대를 깨우기 위해서

진리의 참 빛을 강하게 비추십시오.

점점 깊이 들어가는 진리를 따라서

빛을 가진 자로써 세상을 이끌어 가십시오.

여러분, 명심하시기 바랍니다.

하늘에 대해 겨자씨만큼의 불신이 있으면

그것은 온전한 것이 아닙니다.

하나님이 계신 곳이 하늘의 중심축입니다.

예배 중심에 모든 것을 맞출 때 하늘의 중심이 맞춰집니다.

여러분,

죄가 나쁜지를 믿는다고 입으로 해놓고

믿지 않고 제멋대로 행동하는 것이 죄입니다.

나사렛 예수 이름으로 기도할 때

꼭 이름값을 지불하시기 바랍니다.

회개

우리가 알고 있는 회개.

회개는 나의 잘못을 용서해 바로 세운다는 의미도 있지만

그러나 진정한 회개는

그냥 그렇게 단편적으로 끝나는 것이 아니라는 것입니다.

지금 우리들이 하고 있는 회개를 보면

우리들이 기도할 때 모습과 똑같습니다.

무슨 이야기인가 하면,

모두가 다 자기중심이라는 말입니다.

기도를 보십시오.

우리가 아버지 앞에 하고 싶은 이야기만 다 합니다.

하고 싶은 이야기만 하고 끝내는 것처럼

회개 또한 자기 생각에 죄라고 생각하는 것만

용서를 구하고 끝을 내고 있습니다.

이 얼마나 자기중심적인 회개입니까.

들어줄 사람은 생각지도 않고 있는데
자기 혼자 기도하고 자기 혼자 회개했다며
만족하고 돌아서는 모습들입니다.
자신의 몸에 때가 묻었으면
그것을 닦아 달라고 나오는 것까지는 좋습니다.
그렇게 해서 그 더러움을 닦아 달라고 했으면
그것이 잘 닦였는지 덜 닦였는지 한번 확인해야 하지 않겠습니까.

지금은 성령의 시대입니다.
우리로서는 얼마나 깨끗이 닦아졌는지 모르지만
우리가 정말 진심으로 회개한다면
성령님을 통해 느낌으로라도 해 주시겠다고 말씀을 주셨습니다.
이제 우리는 시작도, 끝도 우리 마음대로 하지 말고
진정으로 하나님께 씻김을 받은 느낌이 들 때까지
회개를 하는 것입니다.

바로 이렇게 할 때 하나님께 깨끗이 씻김 받는다는 것이
어떤 의미인지 영감을 통해서 우리는 알 수가 있습니다.
회개는 잘못했습니다, 용서해주세요 가 끝이 아니라

그다음이 있어야 합니다.

기도가 하나님과의 대화인 것처럼

회개도 회개로 끝나지 말고 새로운 삶으로 계속 이어져야 합니다.

그래서 새로운 삶과 새로운 삶의 태도는

자기를 십자가 앞으로까지 연결하여

삶이 십자가와 이어지도록 해야 합니다.

회개는 우리의 목표와 방향까지도 설정해 주는 것입니다.

바로 그 길을 갈 때 우리에게 힘을 더해주는 것이 회개입니다.

회개가 어떻게 우리에게 힘을 더해줄까?

그것은 바로 회개할 때 우리 마음을 내려놓게 하기 때문입니다.

우리는 지금 잘 모르고 있지만

우리가 내 마음을 잡고 있을 때 에너지 소비가 얼마나 큰지 모릅니다.

자기가 자기 마음을 잡고 있음으로 인해 마음만 무거운 것이 아니라

자기의 발걸음도 무겁게 되니까 힘이 무척 드는 것입니다.

우리가 진정 하나님을 믿고 의지하였다고 했으면

때를 가려서 믿었다 안 믿었다 할 것이 아니라

계속되는 회개 가운데 끊임없이 믿고

끊임없이 의지하여야 하는 것입니다.

그렇게 해서 가벼운 마음으로 기쁘고 즐겁고 설레는 마음으로
하나님 앞으로 향할 수 있도록 하는 것입니다.
회개는 마음의 때, 무거운 짐 등을 주님께 내려놓는 것입니다.
회개가 짐을 가볍게 해 주는 것이지 더 무겁게 해 주는 것이 아닙니다.
그런데 왜 회개를 안 한단 말입니까.

회개는 우리의 마음도 즐겁고 기쁘게 하는 일이지만
또한 하나님 마음도 즐거워서 서로가 즐겁게 되는 길입니다.
이렇게 하나님과 기도하면서 회개가 이어질 때
세상 그 무엇으로 끊을 수 없는, 변치 않는 관계가 될 것입니다.

말씀을 경홀히 여기지 마라

하늘의 직언이 쏟아지는 진리의 전당.
생명을 살리는 하나님의 말씀 앞에 우리는 얼마나 순종했는가,
아니면 경홀히 여겼는가.
우리가 말씀 앞에서 경홀히 하지 않았다면
말씀이 가지고 있는 가치와 그 귀함이
나를 통해서 나타났어야 합니다.

말씀을 들을 때 더욱 집중해서 듣고
그리고 그 말씀에 대해서 다시 한번 생각하고 소화해서
변화되어지는데까지 그 모든 행동이 연결되어져 있어야 합니다.
하나님의 말씀은 살아있고 생명력이 있어 또 운동력이 있어서
그 어떤 검보다 예리하다는 말씀을 수없이 들어왔습니다.

그렇다면 그런 예리한 말씀이 내 안에서 작용하며
나의 잘못된 인성을 수술하는데 얼마나 피눈물을 흘렸는가입니다.
정말 이렇게 아파보셨습니까?

우리는 매번 하나님의 말씀을 들을 때
그저 편안히 듣고 편안히 넘어가고
이렇게 늘 하지 않았습니까.
여기 성령 충만한 교회에서 수고도 없이 직접 하나님의 말씀을 받아
영의 양식을 먹고 있는데 그저 편안히 받아만 먹고 있단 말인가.
아닙니다.

우리도 그 말씀을 들을 때 깨닫는 과정을 통해서
내 안에서 잘 소화될 수 있도록
그 말씀에 의해 찢김을 당하고 아물고 하는 이 과정을 거쳐
이제 열매를 맺어야 하지 않는가.
얼마나 귀중한 것인지, 얼마나 유니크한 것인지
그 진가에 대해 너무 잘 듣고 있는 우리들이 말씀을 경홀히 한다면
너무너무 안타깝고 비참한 현실인 것입니다.

말씀이 확실히 내 것이 돼서
먹고 먹어 온전히 소화되는 것,
그것이 바로 경홀히 여기지 않는 것입니다.

우리가 신앙생활 할 때 꼭 기억하시고 놓치지 말아야 할 것은

내 기본이 어떤가,

내가 얼마나 행복한가, 불행한가가 아니라

하나님이 누구신가,

하나님이 나에게 무엇을 약속하셨는지,

하나님이 내게 무엇을 명령하셨는지가 중요한 것이지

지금 내가 편안하냐, 불안하냐

이것은 아무것도 아니라 이 말입니다.

여러분이 정말 하나님이 약속하시고 명령하신 곳에 서 있다면

안심하시고

하나님이 약속하지 않은 곳에 있다면

 여러분은 대단히 위험한 것입니다.

구약의 말라기에 보시면 하나님께서 말씀하시길

너희 중에 성전 문을 닫을 자가 있으면 좋겠다고 하시는 것으로

끝을 맺고 있습니다.

왜 그런지 아십니까.

이 말씀은 너희가 매번 헛되이 하나님의 마당만 밟고 갔다는 것입니다.

그래서 구약 성경의 마지막으로 오면서

모두 회개 운동으로 요약됩니다.

하나님이 누구시냐,
하나님이 나에게 무엇을 요구하시냐,
또한 우리가 하나님 앞에 누구인가.
이것이 신앙을 올바르게 점검하는 것입니다.
이런 면에서 볼 때,
이 시대 기독교인들의 신앙이 너무 교만해지지 않았나
다시 한번 생각하게 됩니다.
내 기분, 내가 소원하는 모든 것을
하나님의 힘을 빌려서 채우려는데 우리의 초점이 있다면
그것은 기독교 신앙이라 할 수 없습니다.

기독교 신앙은 언제나, 어디서나 순종입니다.
그러니 우리는 하나님이 무엇을 요구하시는지 알아야 합니다.
그리고 그 요구 앞에서 어떤 말씀이 나오든
아멘으로 화답하셔야 합니다.
왜 그렇습니까.
우리에겐 결정권이 없기 때문입니다.

하나님의 명령을 수행하기에
우리는 참으로 연약하고 어리석기 때문입니다.

여러분이 하늘의 거룩과 영광을 위하여 기도하면
하나님이 기적으로 얼마든지 이루실 것입니다만
하나님의 약속과 하나님의 요구에 동떨어진
욕심을 따라 구하는 어떤 일도, 그 어떤 기적도,
어떤 마음의 평안도, 그 어떤 약속도
하나님은 하신 적이 없습니다.
오늘 이 시대 우리의 신앙은
하나님을 만족하게 할 것인가 아니면 자신을 만족하게 할 것인가 라는
위기의 날 위에 서 있습니다.
점검하시고 순종해서 특권을 누리십시오.

살아있는 말씀의 능력

하나님의 말씀은 살아 있고 활력이 있어

좌우에 날선 어떤 검보다도 예리하여

혼과 영과 및 관절과 골수를 찔러 쪼개기까지 하며

또 마음의 생각과 뜻을 판단하나니

(히 4:12)

이렇게 살아서 펄쩍펄쩍 뛰는 하나님의 말씀이

내 안에서도 함께 힘이 있으려면

그 말씀에 대한 직접적인 경험이 있어야 합니다.

남대문에 직접 가서 본 사람이 말하는 것과

남대문이 어떻게 생겼는가 해서 사진으로 본 사람,

이 두 사람이 전하는 말을 듣고

들은 사람이 또 다른 사람에게 전할 때는 천지 차이입니다.

내가 직접 가서 본 사람은 확실히 보았기 때문에

누가 뭐라든 변치 않습니다.

진짜를 실제로 보았으니까 말입니다.

그러나 사진으로 보고 말하는 자는

사진이 보여준 것이 다이기 때문에

사진대로는 정확히 말할 수 있을지 모르나

그 너머에 있는 것에 대해서는 아무것도 말할 수가 없습니다.

그래서 금방 한계가 드러나고 바닥이 드러납니다.

또한 그곳에 실제로 다녀온 사람의 말을 들은 사람.

그 사람의 말은 한번 거쳐 들은 것이기에

말을 하면 할수록 거기에 자신의 생각이 들어갑니다.

그래서 처음 한 말과 두 번째, 세 번째 한 말이 계속 바뀌는 것입니다.

여기 생명을 살리는 선한 빛 생명의 빛 성전에는

하나님의 직언을 선포합니다.

성경에 있는 말씀이라고 하여 거저 믿고 선포하는 것이 아닙니다.

성경에 있는 모든 말씀들이 살아있는 말씀이라고 하지만

그 말씀대로 내가 직접 살아보기 전에는 살아있는 말씀이 아닙니다.

이렇게 될 때 살아있는 말씀이 아니라

예수님 시대나 그 시대의 사람들에게만 살아있는 말씀입니다.

이 시대 목자들을 보십시오.

자신의 지식까지 덧입히고 개칠해서

말씀에 숨이 막히도록 하고 있는 시대입니다.

성경의 말씀이 살아있다 해서 그냥 거저 살아있는 것이 아닙니다.

그 말씀이 진짜 살아 움직이게 하려면

우리가 그 말씀에 믿음이란 양분을 주고

그래서 진짜로 믿었으면 그 말씀대로 살아서

그것이 내 안에서 살도록 해야 하는 것입니다.

그것이 진짜 살아있는 말씀으로 만드는 것이고

2천 년 전의 말씀에 생기를 불어넣어 주는 것입니다.

에스겔서 37장에 보시면

뼈가 사방에 가득한 골짜기로 에스겔 선지자를 데리고 가서

하나님이 말씀하십니다.

인자야, 이 마른 뼈들이 능히 살겠느냐.

여호와께서 아시나이다.

그때 에스겔에게 대언하며 선포하라고 하십니다.

"너희 마른 뼈들아, 여호와의 말씀을 들을지어다.

생기로 너희에게 들어가게 하리니 너희가 살리라."

그랬더니 이 뼈 저 뼈가 서로 맞아 들어가고

뼈에 힘줄이 생기고 살이 오르고

그 위에 가죽이 덮이었습니다.

그때 모든 것이 다 됐지만, 생기가 없어서

그것에 생기를 불어넣어서 모두 살아났습니다.

이 시대 누가, 어느 목자가 영혼이 없는 마른 뼈 같은 세상 한복판에

이렇게 자신 있게 선포할 수가 있는가.

이 시대 그런 선지자가 어디 있는가.

참으로 안타까운 세상입니다.

의인이 없는 것이 안타깝다 이 말입니다.

영혼이 없는 짐승 같은 인간들만 판치는 마른 뼈 같은 세상입니다.

여기 생명을 살리는 선한 빛 생명의 빛 교회는 확실히 다릅니다.

하나님의 직언이 선포되는 곳입니다.

그래서 이곳에서 선포되는 말에는

그 힘이 얼마나 강하고 가득한지 모릅니다.

진심과 진정을 다해 사랑하는 자기 새끼에게 먹을 것을 주듯이
원산지, 생산지, 유통기한, 영양소 또 영양의 균형, 맛
어느 것 하나 빠지지 않고 꼼꼼히 챙기고 확인해서
검증하여 먹이기 때문입니다.
그러나 다른 목자들의 말은 푸석푸석하다고 하셨습니다.
마치 돌덩이를 씹는 듯하거나
마치 물이 다 빠진 재료들을
마치 고무 씹듯이 씹는 격이라고 말씀하셨습니다.
그러나 여기는 하나님의 직언이 선포되는 곳이기에
자신할 수 있는 것이고
그러나 세상 목자들은 자기만족에 빠져서
스스로 자아도취하며 스스로 자만하고
잘 먹는 줄로만 알고 있다고 하셨습니다.

그런데 우리 한번 생각해 봅시다.
그런 믿음이 올바른 믿음이고
그렇게 자만하고 방관하는 태도가 진정으로 목자가 취할 태도입니까.
지금 그런 삯꾼 목자의 믿음은
지푸라기 몇 개 쥐놓고서

양들에게 최상의 양털을 생산해 내라는 격입니다.

그러나 이곳은 그렇지 않습니다.

최상의 것을 먹이고 있습니다.

하지만 그것에 관하여 양들의 감각이 둔해서 깨닫지 못하고 있으니

안타깝지만 계속하여 말씀을 선포하면

가랑비에 옷이 젖듯이 젖어 들 것이 분명하니

계속해서 살아있는 하늘의 양식을 먹이면

반드시 그것에 대한 감각이 살아난다고 말씀하셨습니다.

그렇다면 하나님 아버지,

세상에서도 맛있는 집에서 최고의 음식을 먹고 나면

그 맛이 기준이 돼서

그보다 수준이 떨어지는 음식점에 가서는 못 먹는데

그런데요, 선한 빛 생명의 빛 성전에서

최고의 영양 가득한 말씀을 먹고도 떠나간 자들은

도대체 왜 떠났는가.

최고의 양식을 먹고 떠난 자들의 종류도 하도 많아서라고 하시면서

혀를 차셨습니다.

단기간에 왔다가 나간 자들은 가짜만 먹다가 진짜를 먹으니

참 맛이 무엇인지 모르고 가짜에 입맛이 들어서
자기 입맛에 안 맞는다고 나간 자들이고
참맛을 아는데도 나간 자들은
나가서 먹는 그 맛이 맛이 아닌 것을 아는데도
출처가 같으니까 씹다보면 그 맛이 나오겠지 라고 생각하면서
그 영양가 없는 말씀들을 공급받고 있는데
그로 인해 자신의 영이 썩어 들어가고 있는지도
모르고 있다고 하셨습니다.

말씀에 빠져보라

시 119:65-73

72절 - 주의 입의 법이 내게는 천천 금은보다 좋으니이다

사람은 누구든 자기가 좋아하는 것이 있으면

반드시 티가 나게 되어 있습니다.

주위 사람 모두가 다 알만큼 드러나게 되어 있습니다.

등산을 좋아하는 사람은 등산 매니아로.

그래서 주위 사람들한테 등산하면 무엇이 좋은지

얼마만큼 좋은지를 이야기해 주며 함께 가자고 합니다.

또 골프를 좋아하는 사람은 휴일만 되면 골프 치러 갑니다.

무엇을 좋아한다는 것,

시간이 날 때마다 다른 것보다 그것을 하게 되고

시간이 안 될 때는 쪼개서라도,

억지로라도 시간을 내서 하는 것이 바로 좋아하는 것입니다.

지금 여러분이 좋아하는 것이 무엇입니까.

시간 날 때마다 시간을 내서 하는 것이 무엇입니까.
그 사람이 휴일의 시간을 어떻게 쓰느냐에 따라
진정 그 사람이 좋아하는 것이 무엇인지를 알 수 있습니다.

믿음이 없는 자나 초신자 같은 경우
휴일이 오면 이렇게 황금 같은 휴일인데
어떻게 교회에서 보내냐고 합니다.
그러면서 길길이 날뛰는 경우도 있습니다.
그런데 말입니다,
여러분이 하나님 말씀에 진정한 맛을 한번 보십시오.
그러면 그런 말이 나올까요.
하나님 말씀의 진정한 맛을 본 자는
하나님이 시키지 않아도 그 말씀에 홀릭이 되어 푹 빠져 삽니다.

믿음에 빠져 사는 것을
우리가 잘못 이해하는 경우가 있는데

24시간 방 안에서 나오지 말고 성경만 보라는 게 아닙니다.
물론 어떤 사람에겐 그런 것이 필요한 때도 있습니다.

우리가 생각할 때 말씀을 많이 읽고 시간 할애를 하는 것도

말씀에 빠져 사는 것이지만 한 가지 더 말하면

말씀을 한 구절 읽었더라도

밖에 나가서 삶 가운데 그 말씀을 대입하고 실천해 보려고 하는 것

그것이 바로 말씀에 빠져 사는 것입니다.

말씀을 읽는 것으로만 끝나는 게 아니라

그것을 삶 속에 녹이는 것, 몸속에 체내화 시키는 것

그것이 필수입니다.

그런데 어떤 사람은 그게 힘들다고 하고 고통스럽다고 합니다.

하지만 똑같은 운동을 해도 어떤 사람은 고통으로 하고

어떤 사람은 운동을 즐기면서 즐겁게 합니다.

하나님 말씀에 빠져서 실제 생활화 시키는 것,

우리는 지금 어떤 마음으로 합니까.

하나님 말씀에 기쁨과 희락을 느끼는가 아님 무감각인가.

모든 이에게는 다 아니지만

하나님이 하나님 말씀의 귀중함을 알게 하기 위해서

어떤 이에게는 금, 은을 빼앗고

어떤 사람에겐 건강을 뺏기도 합니다.

모든 이에게 다 이런 것은 아닙니다.

진정 하나님을 알만한 자가
실제 체험을 하고도 물질 쪽으로 가고 다른 것에 마음을 두면
하나님이 불붙는 마음으로 질투하시는 여호와이시기에
그리하시는 것입니다.
이제 하늘의 직언으로 말씀의 본질과 가치를 가르치는
이곳 선한 빛 생명의 빛에서
열심히 교육받고 열심히 따라오라 하십니다.

4부

교회

생명을 살리는 성전

주님과 함께하는 삶

하나님 앞에 충성하는 자

하나님이 약속하신 장소

하늘을 하늘답게 하라

생명을 살리는 마지막 은혜의 방주

생명을 살리는 성전

하나님이 기뻐 받으시고 성령이 충만한 교회는
하늘에서 직언이 쏟아지는 곳입니다.
세상의 모든 더러움을 씻고, 모든 거품을 빼고
하나님과 그 어떤 꾸밈도 없이,
거품 없이 하나님과 알몸으로 만나는 곳입니다.
서로에 대한 예의를 차리기에도 시간이 아까워서
하나님 아버지께서 우리와 서로 마주 앉아
사랑을 나누는 곳이라고 하셨습니다.

아무런 겉치장도 않고 아무런 거리낌 없이
하나님과 단둘이 은밀히 만나는 곳.
꼭 갓난아기가
어미에게 이어진 탯줄도 끊어지지 않은 상태의 그런 관계.
얼마나 깨끗한 상황입니까.
나와 하나님과 보이지 않는 끈으로
그 누구도 이 사실을 다가와 아무도 보지 못하고

찾지 못하는 그런 귀한 곳이 이 교회이고
바로 이 교회 안에 예배드리는 여러분의 가슴 중심부를
쇠고리로 꿰어 이어서 하나님과 끊어지지 않게 하시려고
하나님의 심장을 뚫어서 그 끈을 묶었다고 하셨습니다.

하나님이 우리와 함께하신다는 말씀은
바로 우리가 겪는 고통이 하나님의 고통이라는 것이고
또한 우리가 이런 고통 속에서 이길 수 있는 것도
하나님이 이기기 때문이라고 하셨습니다.
하나님이 그 고통을 감당하고 이겨내기 때문이라고 하셨습니다.

주님과 함께하는 삶

주님의 인격과 생애와 그분의 가르침에는

사람의 마음을 사로잡는 힘이 있습니다.

그 가운데 가장 큰 힘은 바로 주님의 십자가 죽음입니다.

십자가에 못 박힌 삶은

그리스도 예수를 따르기 위해 절대적으로 헌신하는 삶입니다.

예수님을 더욱 닮고

그분처럼 생각하고 그분처럼 행동하고

그분처럼 사랑하기 위해 모든 것을 바치는 삶이

십자가의 삶입니다.

그러므로 영적으로 완전함으로 가는 모든 것은

예수 그리스도와 깊은 관계가 있습니다.

히 12:2 말씀에

"믿음의 주요 또 온전하게 하시는 이인 예수를 바라보자

그는 그 앞에 있는 기쁨을 위하여 십자가를 참으사

부끄러움을 개의치 아니하시더니 하나님 보좌 우편에 앉으셨느니라"

십자가는 하나님 앞에 가는 하나의 과정입니다.
십자가는 하나님을 바라보며 패스해야 하는 것입니다.
여러분에게 지금 어떤 문제가 있을 때 그 너머의 것을 보십시오.
이 말이 무슨 뜻이냐면,
우리의 시야를 뛰어넘고 우리의 작은 틀을 깨고
그 너머를 바라보라는 것입니다.
그렇게 할 때 그 너머의 것이 주는 힘으로 인해
그 난관을 이겨낼 수 있기 때문입니다.
그런데 우리는 자신 앞에 있는 장애물,
그것을 통해 우리에게 알려주고 싶은 하나님의 뜻까지도
다 치워달라고 합니다.
그저 평탄한 꽃길만 가고 싶어 한다 이 말입니다.
하나님께서 여러분에게 이런 말씀을 주셨습니다.

"예수도 요구하지 않은 것을 내게 요구하지 마라 예수는 굳이 자기가 걷지 않아도 될 길을 걸은 자이노라. 너희를 위하는 그 한 마음으로."

예수님의 기쁨은,

오직 그것은 하나님을 향한 것과

우리를 사랑하시는 마음뿐이었습니다.

하나님 보좌 우편에 앉아 하나님과 함께할 것이

하나님을 향한 기쁨이었고

또 우리를 향한 것은 주님이 하나님의 모든 뜻을 이루었을 때

우리가 누리게 될 하늘의 세계가

바로 예수님의 기쁨 되었던 것입니다.

그러니까 이렇게 큰 뜻을 품고 가는 자에게

어떤 것이 방해가 되겠습니까.

하나님을 사랑하는 그 마음이 뜨겁게 살아있다면

모든 환경, 조건, 상황들을 다 이기게 될 것입니다.

우리가 진정 하나님과 함께한다는 기쁨과 즐거움을 아신다면

세상에 그 어떤 것도 다 이겨내고 참아낼 수가 있습니다.

소망과 기쁨이 우리를 승리하게 해 주십니다.

그러나 내 자아가 살아남아 그 속에서의 기쁨과

우리의 소망을 통해 만족을 얻으려 할 때는

참는 것이 잘 안되고 참아도 참아지지를 않습니다.
이 시대 많은 기독교인들이 착각하고 있는 것은
하나님을 믿으면 그때부터 즉각 평탄한 꽃길의 삶을 산다는 것은
잘못된 생각이고
이 착각 속에서 헤어나지 못하는 이상
그 사람의 삶은 예수님과 함께하는 삶이 아닙니다.
예수를 안다고 하나 아는 것도 아니고
그렇다고 모르는 것도 아니고 죽지도, 살지도 않는
아주 애매모호한 삶이 되는 것입니다.

예수를 믿기 때문에 참아야 하는 일이 얼마나 많은지 모릅니다.
십자가의 삶을 살 때
그것은 언제나 하나님의 공의의 기준 아래서
참았음을 뜻하는 것입니다.
앞으로 여러분이 참는다 하는 기준을 분명히 알기 위해서라도
이제는 더 깊이 알아야 하는 것입니다.
그래야 여러분이 하는 행위로 온전해지기 때문입니다.

하나님 앞에 충성하는 자

성령으로 충만한 교회는

모든 것을 인간의 시각에서 말하지 않습니다.

크고 작은 그 어떤 일이라도 오직 하나님과의 직접적인 관계입니다.

교회 예배드리는 것,

헌금하고 봉사하는 것,

이 모든 것이 여러분이 하나님과의 직접적인 관계이지

인간의 것은 아무것도 없습니다.

예를 들면,

예배 시간에 좀 늦으면 인간에게 미안한 것이 아니라

하나님께 죄송한 것입니다.

또 교회 일을 게을리하거나 안 한다 하더라도

우리 인간들에게는 아무런 피해를 받지 않습니다.

그러나 이것은 분명 하나님의 일에 방해가 되고 지장이 있는 것입니다.

여기 생명을 살리는 선한 빛 생명의 빛 예배는

하나님이 직접 함께하시고 주관하시는 곳입니다.

먼 데 있는 하나님이 아니라

여러분이 직접 하나님의 직언을 지금 듣고 있는

생생한 하늘의 현장입니다.

이 얼마나 놀라운 일입니까.

지금 세상천지 어느 곳에서 이런 하늘의 역사가 있습니까.

이 빛나는 하늘의 기적, 하늘의 역사를

왜 전하지 못하고 감추고 있는가

이 말입니다.

그 누구든 이곳에 오기만 하면

하나님과 직접 다이렉트로 연결시켜주는데

무엇을 지체하고 있단 말입니까.

살아계신 하나님의 심장이 꿈틀대는 여기 선한 빛 생명의 빛,

하나님의 혀라고까지 말씀 주셨습니다.

이래도 믿음이 오지 않습니까.

믿음이 있다면 무엇을 망설일 필요가 있습니까.

여러분,

기적을 많이 체험한 것과 하나님을 만난 것은 별개의 일입니다.

아무리 기적을 많이 체험을 했다고 해서

하나님을 만났다고 할 수는 없는 것입니다.

왜냐면 눈앞에 하나님이 계신데도

저 머나먼 곳에 두고 교제하는 사람이 있습니다.

그래서 기적을 체험했다고 하나님을 만났다고 할 수 없는 것입니다.

기적의 맛을 보고 계속 기적을 찾을 것이 아니라

하나님과 가까이하고 하나님 아버지와 동행하는 것에 미쳐야 합니다.

여기 선한 빛 생명의 빛은

진정으로 하나님과 가까이 만나게 해 주는 곳입니다.

실제의 현장입니다.

만나고 싶은 사람은 얼마든지 여쭤보십시오.

얼마든지 물어보십시오.

그러나 이곳에서 예배드리는 많은 사람들이

먼저 하나님을 만나는 것보다

자기 삶의 문제가 먼저인 사람들이 많습니다.

그러나 이제 예배를 드리다 보면 그 순서가 바뀌게 될 것입니다.

물론 처음엔 자기 눈앞의 문제가 커서

그 문제를 해결해 준다고 하니까 이 예배에 나오게 되는 것입니다.

그래서 그렇게 예배를 드리다 보면,

예배 가운데 하나님을 만나게 되고

문제는 어느새 벌써 풀리는 것입니다.

이제 우리는 하나님을 만나는 것, 그것에 온통 몰입하고

포커스가 되도록 우리의 대화가 바뀌어야 합니다.

여러분의 그 어떤 문제도 여기서는 하나님을 만나면 다 해결됩니다.

지금 이 자리에 계신 여러분은

하나님이 저에게 보내주신 영육 간의 환자들입니다.

저는 하늘나라 의사입니다.

하나님이 여러분을 입원시킨 그 기간 동안

저는 여러분을 완치시켜야 합니다.

꼭 이와 같습니다.

치아가 흔들려서 병원에 온 것입니다.

여기서 치아가 문제입니다.

저는 분명 여러분의 치아를 뽑아준다고 해놓고

계속 치아는 제쳐놓고 하늘 이야기만 합니다.

이럴 때 참 답답하시겠죠.

그러나 보십시오.

바로 이렇게 여러분이 하늘나라 이야기에 집중해 있을 때

그때 바로 눈치 못 채게 얼른 치아를 뽑아버립니다.

그래서 하늘이 어떤 곳인지,

하나님 아버지가 누구신지를 알리고 가르치는 것입니다.

하나님이 약속하신 장소

마가 다락방은 성령님이 임하신 하나님의 약속의 장소입니다.
하나님이 기뻐 받으시는 성령이 충만한 교회는
마가 다락방을 약속하신 성령님을 만날 수 있는 허락된 장소입니다.
또한 기회의 장소입니다.
그렇다면 성령님을 만난 자들만 부러워하지 말고
이곳에 와서 뜨겁게 기도해야 하고
또 이미 만난 자들은 더 뜨겁게 불을 받을 수 있도록
각자 자신을 갈고닦아야 하지 않겠는가.
여러분에게 습관처럼 하지 말고 새롭게 다가서라고 하는 것은
바로 이런 이유 때문입니다.

선한 빛 생명의 빛에서 하나님을 만난 것과
그 외의 지역에서 하나님을 만난 것은 어떤 차이가 있는가.
첫째로 여기는 선택받고 허락된 곳이라 하셨습니다.
과거 마가의 때를 보면,
마가네만 다락방이 있었겠는가 하시면서

그런데 하나님이 일을 하실 때에는

반드시 선택한 사람과 선택한 장소를 통해 일을 하셨고

그래서 하나님이 지목한 곳이 바로 마가네의 다락방이었습니다.

여러분,

하나님께 허락받았다, 허락되었다는 것이

어떤 뜻인지 알고 있습니까.

그것은 바로 하나님이 직접 관여하신다는 뜻입니다.

직접 관여하신다니 얼마나 놀라운 일입니까.

이 성전이 어떤 성전인지 감이 오십니까.

그러면 지금부터 성경 안에서 하나님이 약속하고 허락하신 땅과

그렇지 않은 땅에 대한 비유가 참으로 많이 있는데

그 대표적인 예가 가나안 땅입니다.

이스라엘 백성에게 가나안 땅은 가도 되고 안 가도 되는 땅이 아니라

꼭 가야만 했던 약속의 장소입니다.

이와 마찬가지로 여기 생명을 살리는 선한 빛 생명의 빛에

마가의 다락방이라고 약속을 주신 것은

하나님이 우리에게 약속하신 참 성령을 받을 수 있다는 것입니다.

아마 이런 소리를 하면
다른 기독교인들의 항의가 거셀 것이라고 말씀까지 주셨습니다.
그러나 지금 이 시대 그 어느 누가 자신이 받은 영이 참 성령이라고
자신 있게 영을 구분하여 말할 수 있겠느냐고 반문하셨습니다.

그들은 대개 하나님에 대한 열정으로 다가와서
그렇기에 영이 열려서 영적으로 타인보다는
민감할 수 있다고 할 수 있지만
그것은 바로 왕 때 술사들의 행위가 벽에 부딪힌 것처럼
분명 한계에 부딪히고
더 이상 성장하지 못하는 것과 같다고 하셨습니다.

왜냐면 성령님께 자신을 온전히 비워 자리를 내주는 것이
쉽지 않을뿐더러
하나님 또한 하나님이 허락하신 장소 외에는
하나님 전부를 나타내지 않으신다고 하셨습니다.

여러분, 명심하시고 들으십시오.

하나님이 말씀하십니다.

"만약에 내가 약속되지 않는 곳,

허락되지 않는 곳을 통해서 내 뜻이 온전히 이뤄진다면

내가 무엇 하러 성경 전체를 내 약속의 말씀으로 뒤덮었겠는가

그러면 나의 약속은 별 의미가 없는 것이지.

너희는 이 성전에 내려진 약속의 말씀들을,

말씀의 의미를 정확히 알아야 한다.

그래야 내 뜻이 정확하게 이뤄질 수 있노라."

두 번째로 하나님은 하나님이 택한 자를 통해서 일하십니다.

사도행전 1:13-15 보면,

마가 다락방에는 예수님의 제자들뿐 아니라

예수님의 어머니 마리아와 예수님의 동생들도 함께

많은 사람들이 모여 있습니다.

여기서 우리가 인간적으로 보면,

예수님 어머니이신 마리아를 중심으로 모여야 합니다.

그러나 하나님은 마가를 선택하셨고

그의 다락방을 통해서 그 안에 모인 무리들이

성령을 받을 수 있도록 역사하셨습니다.

이런 상황을 오늘 이 시대의 모습으로 풀어보면,

교회라고 해서 모든 교회에서 다 성령을 받을 수 없다는 것입니다.

그것은 즉, 하나님이 택한 자

그리고 그 택한 자가 있는 곳을 통해 하늘이 그곳에 임하며

또한 그곳에서 성령 받은 자들에 의해서

하나님의 역사는 계속 쓰여지고 있다는 것입니다.

그렇기에 하나님이 선택한 유 목자와

그리고 그가 거하는 이 성전을 통해서

하나님의 약속대로 참 성령이 임하시는 것이라고 말씀 주셨습니다.

그러니까 이제부터라도 이곳에서 주시는 말씀과

이곳의 장소에 대해 다시 한번 깊이 깨달아 숙지하여

그 깊은 가치를 깨달아 변하시기를,

이곳이 바로 두 배가 가득 채워 만선이 되는 깊은 물입니다.

생명을 살리는 마지막 은혜의 방주

마지막 은혜의 방주를 여러분의 복과 연관 지어서 생각하지 마십시오.
마지막 은혜의 방주는 우리의 생각처럼
복의 개념으로 한계를 짓는 곳이 아니라
노아 때의 방주처럼 우리의 생명과 연관된 곳입니다.

영의 새로운 종자를 키우기 위한 인큐베이터와 같은 곳입니다.
노아 때는 육의 생명과 연관 지어 새로운 생명 싹을 이루었지만
성령의 시대인 지금
하나님이 기뻐하시는 교회에서는
새로운 하늘의 생명력 있는 영을 키우기 위해
참 목자가 함께 방주를 짓고 있다고 하셨습니다.

그때 노아의 방주에 거했던 자녀들은
하나님 말씀에 온전히 순종을 이룬 사람들입니다.
바로 노아의 말을 믿고 말입니다.
노아의 말을 믿고 방주에 올라탄 후 방주의 문이 닫히자
하나님은 비를 내리기 시작하셨습니다.
그렇다면 성령의 시대인 지금은 하나님이 어떻게 역사하실까?

그때처럼 홍수로써 우리 온 인류를 쓸어버리지는 않을 것입니다.
그러나 시대는 점점 더 악해지고 있는 이때에
온갖 자연재해와 인간의 악함이 계속해서 드러나고 있습니다.
그렇기 때문에 세상이 우리를 강력히 유혹하는 가운데
서로 하나님을 놓치지 않는 절대적 믿음이 확실히 필요한 것입니다.

그리고 그런 믿음은 순종과는 절대 멀어질 수 없는 것이기에
생명을 살리는 교회의 참 목자는 순종을 강하게 요구하는 것입니다.
그러므로 여러분이 순종하여 이 방주 안에 타고 있는 동안
세상이 얼마나 썩고 미쳐 돌아가는지를
확실히 보게 된다고 하셨습니다.

그러나 그럴수록 이곳에서 하나님이 주시는 말씀을 확실히 믿고
그 믿음을 더욱 굳건히 하라고 하십니다.
바로 그 믿음만이 우리를 온전히 이 거친 세상에서
바르게 살아남을 수 있도록 도와줄 것입니다.
주님께서 마지막 날에 우리의 믿음을 본다고 하셨습니다.

마지막 남은 세상의 종말이 올 때

정말 믿음이 끝까지 있는 자가 얼마나 있을까.

과연 우리는 어떤 믿음을 가지고 이 세상에서의 마지막을 점찍을까?

그러니 언제 다가올지 모르는 우리의 마지막 날을 위하여

이곳에서 목자로부터 하늘의 직언을 듣고

하늘의 양식들을 가득 먹어서

우리 각자의 믿음을 튼튼히 하고 견고히 하라고 하십니다.

그래서 끝까지 남아있는 우리를 통해서

믿음이 무엇인지 알 수 있도록 말입니다.

하늘을 하늘답게 하라

하나님이 기뻐 함께하시는 성전은 하늘의 직언이 쏟아지는 곳입니다.
그리고 하나님이 함께 하시고 천군천사도 함께한다는 사실을
여러분, 믿습니까.

진정 믿는 자에겐 그 믿음대로 될 것이라 하셨습니다.
전지전능, 천지창조가 무엇인지 알고 있다면
하나님을 아는 것이 우선인 것입니다.
그래서 하나님을 아는 것으로 뜨거워져야 합니다.
용광로처럼 뜨겁게 타오르십시오.

그래서 이제 우리는 이 땅에서의 기준과 이 땅에서 눈에 보이는 것은
중요치가 않습니다.
진리가 살아 움직이는 성전에서 하나님이 주시는 그 직언은
이 땅에서 뿐 아니라 하늘에서도 최고입니다.
이렇게 귀한 하늘의 보화를 매일 매번 먹으면서
아직도 땅의 개념으로 믿으려 한다면 차라리 믿지 말라고 하십니다.

왜냐면 하늘을 하늘답게, 하늘을 영화롭게 하는 곳에서
그런 인본주의 생각을 가지고 거한다는 것은
하늘을 더럽히고 좀 먹이는 꼴이 되기 때문입니다.
하나님을 진실로 안다면
지금 하나님과 동행한다는 것이 무엇인지 확실히 압니다.
하나님을 많이 아는 자는 이길 자가 없습니다.
이런 자는 무엇이든 믿을 수 있고 무엇이든 가질 수 있습니다.

지금 여기 생명을 살리는 마지막 은혜의 방주에는
새로운 도약의 기회가 꿈틀거리고 있습니다.
이것은 또 다른 말로 표현하면
우리 성도들에게도 또 다른 결단의 기회가 가까이 오고 있음을
말해주고 있습니다.
계속해서 하나님을 따를지 아니면
세상 쪽으로 다가가서 타락의 길로 갈지
바로 여러분의 선택입니다.

하나님 아버지는 이미 직언을 통해
믿음으로 따라오는 자에겐 하늘의 은혜를 내려줄 것이라고

선포하셨습니다.

지금 현재로선 그 보이는 정도가 아주 미약하지만

서서히 변화되어 홍해가 갈라지듯 믿음으로 따라오는 자와

그렇지 못한 자들의 모습이 드러나기 시작할 거라고 말씀하시면서

일부는 이미 드러나고 있다고 하셨습니다.

여러분,

비정상이 판치는 이 시대

진리만 붙잡고 간다는 것이 얼마나 힘이 들며

계속 끊임없는 세상과의 싸움에서 이겨야 하는지를

실제로 체험하게 될 것입니다.

진실한 자만이 십자가 중심으로 변함없이 살 것입니다.

그리고 하나님이 많은 것을 내려주시지만

깨닫는 만큼 만족할 것입니다.

마지막 은혜의 방주.

은혜라는 말 때문에 우리는 많은 안도를 느끼는지 모릅니다.

왜냐면 우리는 이미 그런 복된 자리를 알고 있고

갖고 있다고 생각하니까 말입니다.

그런데 이런 하늘의 은혜에도 반드시 책임이 따른다는 사실입니다.

하나님의 성령이 충만한 성전은
온전히 진리만이 살아 숨 쉬는 곳이기에
그 진리를 지키기 위한 우리의 각자 책임을 다하지 못한다면
그 진리로 인해 오히려 도태되는 일이 있을 것이라 하셨습니다.
도태한다는 말이 무슨 말인지 아시겠습니까.
그것은 자기 스스로 영혼의 재앙 속에 빠지는 격이 되는 것입니다.

왜냐면 계속해서 쏟아지는 하늘나라 생명, 하늘나라 양식들이
우리 영혼에 쌓인 것이 얼마나 풍성히 내렸는데
그것의 영향력이 얼마나 대단한지 모르고 다 놓쳐버렸기 때문입니다.
꼭 바다 속에 있으면
그 바다가 얼마나 넓은지, 깊은지를 모르는 것입니다.

그런데 그렇게 항상 받던 것이 얼마나 귀한 것인지
우리에게 얼마나 필요한 것인지를 언제 알게 되느냐면
그것이 없어져 봐야 아는 것입니다.
우리가 지금 항상 최고의 은혜 가운데 있으니

그것이 무엇인지도 모르고 방탕하면서
감사도 없이 살고 있는지 지금은 모르지만 두고 보라고 하셨습니다.
우리의 그 비어있는 영혼의 창고를 무엇으로 채울 수 있을지 말입니다.

최고의 것을 손에 쥐고도 그것이 무엇인지 모르는
멍청한 자녀들이 되지 마십시오.
그 생명의 양식, 진리를 알게 하기 위해서
하나님 아버지는 지금도 우리에게
끊임없이 시간을 제공하고 계십니다.

하늘의 음성을 듣는 것, 신중히 생각하십시오.
책임감을 갖고 기도하십시오.
귀한 성전 땅 밟는 것만으로도 감사하십시오.
지금 존재 자체에 감사하십시오.
이제 이 성전을 전하는 기쁨을 알고 전하십시오.
이 시대 가장 큰 책임을 느끼면서 일하십시오.

생명을 살리는 마지막 은혜의 방주를 키우기 위해
스스로 더 깎고 쪼으십시오.

가나안에 심은 것이 없으면 열매가 없습니다.

이제 진리에 대해 확신이 있으면 나가서 부르짖으십시오.

왜 세상이 시끄럽고 어두운가.

올바른 진리가 바로 서지 못해서 그렇습니다.

이제 말씀 앞에 세밀하게 반응하십시오.

예민한 것과 세밀한 것은 다릅니다.

작은 것 놓치지 마시고 확실히 반응하십시오.

생명을 살리는 마지막 은혜의 방주

마지막 은혜의 방주를 여러분의 복과 연관 지어서 생각하지 마십시오.
마지막 은혜의 방주는 우리의 생각처럼
복의 개념으로 한계를 짓는 곳이 아니라
노아 때의 방주처럼 우리의 생명과 연관된 곳입니다.

영의 새로운 종자를 키우기 위한 인큐베이터와 같은 곳입니다.
노아 때는 육의 생명과 연관 지어 새로운 생명 싹을 이루었지만
성령의 시대인 지금
하나님이 기뻐하시는 교회에서는
새로운 하늘의 생명력 있는 영을 키우기 위해
참 목자가 함께 방주를 짓고 있다고 하셨습니다.

그때 노아의 방주에 거했던 자녀들은
하나님 말씀에 온전히 순종을 이룬 사람들입니다.
바로 노아의 말을 믿고 말입니다.
노아의 말을 믿고 방주에 올라탄 후 방주의 문이 닫히자

하나님은 비를 내리기 시작하셨습니다.
그렇다면 성령의 시대인 지금은 하나님이 어떻게 역사하실까?

그때처럼 홍수로써 우리 온 인류를 쓸어버리지는 않을 것입니다.
그러나 시대는 점점 더 악해지고 있는 이때에
온갖 자연재해와 인간의 악함이 계속해서 드러나고 있습니다.
그렇기 때문에 세상이 우리를 강력히 유혹하는 가운데
서로 하나님을 놓치지 않는 절대적 믿음이 확실히 필요한 것입니다.

그리고 그런 믿음은 순종과는 절대 멀어질 수 없는 것이기에
생명을 살리는 교회의 참 목자는 순종을 강하게 요구하는 것입니다.
그러므로 여러분이 순종하여 이 방주 안에 타고 있는 동안
세상이 얼마나 썩고 미쳐 돌아가는지를
확실히 보게 된다고 하셨습니다.

그러나 그럴수록 이곳에서 하나님이 주시는 말씀을 확실히 믿고
그 믿음을 더욱 굳건히 하라고 하십니다.
바로 그 믿음만이 우리를 온전히 이 거친 세상에서
바르게 살아남을 수 있도록 도와줄 것입니다.

주님께서 마지막 날에 우리의 믿음을 본다고 하셨습니다.

마지막 남은 세상의 종말이 올 때
정말 믿음이 끝까지 있는 자가 얼마나 있을까.
과연 우리는 어떤 믿음을 가지고 이 세상에서의 마지막을 점찍을까?
그러니 언제 다가올지 모르는 우리의 마지막 날을 위하여
이곳에서 목자로부터 하늘의 직언을 듣고
하늘의 양식들을 가득 먹어서
우리 각자의 믿음을 튼튼히 하고 견고히 하라고 하십니다.
그래서 끝까지 남아있는 우리를 통해서
믿음이 무엇인지 알 수 있도록 말입니다.

5부

믿음

하늘에 새겨진 계약서

성령의 바람

우리는 하늘나라의 유리창

어둠 속에 빛나는 별

하늘나라 지상천국

의인의 지혜

하늘에 새겨진 계약서

약속이란 바로 믿음에 근거한 것입니다.
우리는 약속할 때, 계약할 때 눈에 보이는 것으로 합니다.
법정에서도, 계약에서도 눈에 보이는 서류로 약속을 표시하고
그로 인해 해결하고 받아내는 것입니다.
그런데 하나님의 약속은 그런 종이로 해결하지 않고
우리들의 믿음이 하늘에 새겨진 글이고 계약서입니다.

하늘에 새겨진 비밀, 하늘에 새겨지는 문서가
바로 여러분의 믿음입니다.
여러분의 마음속에 있는 것이 그대로 하늘에 새겨집니다.
지금 여러분의 마음에 무엇이 있습니까.
하늘에 무엇이 새겨져 있느냐 이 말입니다.

여러분의 눈에 보이지 않는 믿음으로
하나님은 계약을 성사시키십니다.
계약은 반드시 당사자 둘이 필요합니다.

둘 중에 하나만 있으면 안 됩니다.
둘 다 있어야 합니다.
그것이 바로 약속입니다.
하나님의 마음과 나의 마음, 이렇게 둘이 하나가 될 때
그 계약은 성사되는 것입니다.
그러나 둘 중 어느 하나 빠지는 것이 있으면
그 계약은 체결될 수가 없습니다.

우리는 전도해서 한 영혼 한 영혼
기도의 물을 주고 영양을 주고 있습니다.
우리는 실제로 화분에다 일주일에 한 번씩 물을 주고 있습니다.
그저 습관적으로 주고 있습니다.
그러면 그 꽃들은 죽습니다.
그 이유는 관심과 사랑이 없이 그저 의무적으로
'나 물 줬어. 죽어도 내 책임이 아니야.'
하는 최소한의 의무를 하되 목적을 이루고자 하는
의무와 책임이 아닌
책임을 면하기 위한 의무이기 때문입니다.

여러분, 명심하십시오.

책임을 면하기 위한 회피의 목적으로 하는 의무는

안 하는 것보다 오히려 더 못한 것입니다.

왜 그럴까.

결국은 똑같이 죽어버리니까요.

물을 줄 때 가지와 잎사귀 상태를 살펴보고 흙을 만져봐야 합니다.

누렇게 된 잎은 없는지,

시커멓게 죽은 부분은 없는지,

하얗게 끼는 것은 없는지.

아주 세밀하게 관찰하면서 물을 주어야 합니다.

그 시기도 잘 조절해야 합니다.

그렇지 않고 그 식물과 상관없이 상태가 좋거나 말거나

'물 먹어!' 하면서 준다면 그것은 공산주의입니다.

피해야 할 때가 있고 섭취해야 할 때가 있습니다.

목자가 여러분에게 물을 줄 때 그냥 주는 것이 아니라

여러분을 확실히 살펴보고 주고 있습니다.

말 그대로 자세히, 사랑으로 관찰하는 것입니다.

지금 여러분의 신앙생활을 어찌해야 하겠습니까.

지옥을 면하기 위한 회피의 목적으로 하고 있는가.

그래서 일주일에 한두 번 예배를 드리고 있는가.

그런 책임 회피, 면제를 위한 신앙이 면죄부와 무엇이 다른가.

진짜 확실한 목적을 가지고 그 행위를 하여야 합니다.

목적이 결여된 행위는 아닌 것입니다.

진정 관심을 갖고 사랑으로 살펴보는 것

그래서 목적을 보고 정도를 보는 것이어야 합니다.

이렇게 살피고 기도할 때 죽어나가는 교인이 없을 것입니다.

성령의 바람

성령의 바람.

그 바람의 속삭임에 귀를 열고 기울여 보십시오.

그 바람이 여러분을 포근히 안아줄 것이며

그 바람이 여러분을 오게도 하고 가게도 할 것입니다.

그 바람의 속삭임에 귀를 기울여 보십시오.

무한 공간을 정처 없이 떠돌기는 하나

그 움직임에는 분명한 이유와 목적이 있습니다.

다시 한번 바람의 소중함을 기억하십시오.

그 바람의 존재로 인해

청아한 대자연의 목소리가 우리에게 들리게 되는 것이고

우리에게 손짓하여 웃을 수 있는 것입니다.

그러니 바람의 존재는 참으로 감사한 존재입니다.

여러분이 진정 자연의 소리를 듣기 원하십니까?

그러면 성령의 바람에 몸을 맡기고

그 바람과 함께 무한대 위에 자유로이 날아보십시오.

그리할 때 넓은 땅과 푸른 초원

또한 저 높고 푸른 창창한 하늘과 깊은 바다까지

어느 곳이든 막힘이 없이 두루 다니며

맑은 새소리처럼 울려 퍼지듯 그들과 함께 어우러질 수 있습니다.

하나님이 지으신 저 대자연의 소리를 들어보십시오.

어느 것 하나 거침없이 울려 퍼지는 하늘의 소리이며

그 어느 소리보다 깨끗한 창조물들의 음성입니다.

그 청아한 소리가,

그 아름다운 음성이 바람에 몸을 실어 우리의 귓가에 들릴 때

우리의 음성 또한 바람에 실려 그들에게 전달될 것입니다.

바람.

사실 알고 보면 아무 소리도 없고 색깔도 없고 형체도 없는 것입니다.

그렇게 만질 수도, 볼 수도, 들을 수도 없는 것이

우리에게 느끼게 해주고 보이게 해주고

들리게 해주고 있지 않습니까?

보기에는 아무것도 아닌 것이

이렇게 우리 인간의 오감을 자극시킬 수 있다는 것은

실로 엄청난 것입니다.

그것을 볼 때 자연의 바람을 보면서 그가 하는 일을 배우면

본받아야 하지 않겠는가 이 말입니다.

대자연은 실로 엄청난 존재들입니다.

그 하나하나에 모든 창조의 대의명분이 있습니다.

그 엄청난 존재들에 대해서 알고 있습니까.

아니 그 존재들의 의미를 알고 있습니까.

모른다면 배우십시오.

하나부터 열까지 차곡차곡 배워 쌓아 나가십시오.

그 쌓아가는 길에 바람이 함께하며 확실히 커 갈 것입니다.

바람은 언제나 남을 돕습니다.

자신이 홀로 자신의 존재를 나타내지 않습니다.

언제나 그 무엇과 함께 자신 드러내기를 즐거워하니

심히 홀로 나서지 않고 잠잠히 도와 함께 나타납니다.

바로 그것이 바람입니다.

그러니 여러분,

성령님과 함께 하나의 바람이 되어 보십시오.

이 또한 하나님께서 우리에게 바라시는 것입니다.

바람이 홀로 거한다 한들

누가 그를 보고 쓸쓸하다 할 것이며 외롭다고 하겠습니까.

바람은 언제 어디서든지 그의 친구와 함께 할 것입니다.

생각해 보십시오.

바람이 언제 벽을 가지고 있었습니까.

아니면 접근하지 못하는 자리가 있습니까.

바람은 언제든 불구덩이 속이면 그 속에서 그 불에 힘을 더 주어

활활 타올라 최고점에 이르도록 더욱 가속을 붙이고

또한 차가운 물에 들어가면 더욱 차갑게 냉기를 불어넣어

그 본연의 의미를 더욱 드러나 돋보이게 하는 존재입니다.

바람의 잠잠함에 감사치 말고 그 바람과 함께 움직여

더 큰 바람을 느끼면서 함께 큰 바람이 돼 보시라.

우리는 하늘나라의 유리창

하나님은 우리 안에 그분의 이름과 본질과 품성을 두셨습니다.
그러므로 하나님의 이름이 가장 잘 우리 속에 드러날 때는
우리가 진심으로 하나님을 경배하며
그래서 그런 모습으로 저 하나님을 모르는 세상 한복판에서
그 빛을 발할 때입니다.

하나님이 우리를 거룩하게 하는 목적은
바로 그 은혜를 드러내고 죄인들이 하나님께 나아오게 하려 함입니다.
우리는 어쩌면 하나님 나라가 세상에 비춰지는 유리창과 같습니다.
그러므로 이제 유리창을 깨끗이 닦고
모든 더러움을 지워버려야 합니다.

그 창을 닦고 투명하게 해야 합니다.
그래서 나를 창조하신 하나님보다 자기 자신을 위하여 사는 것,
또 자기 자신을 사람들 앞에 보이고 싶고 자랑하고 싶은
더러운 창문의 먼지를

이제는 깨끗이 씻어야 합니다.
그래야 영광의 하나님이 나를 통해 밝게 빛날 것입니다.
회개를 통해 거룩하십시오.
내가 거룩해지면 내 삶이 어떻게 변할까.
나라가 거룩해지면 무엇이 어떻게 달라질까.

우리는 하나님을 나타나고 표현하는 쇼윈도의 유리창과 같습니다.
거룩으로 닦으십시오.
그것은 말씀 앞에 순종하는 것입니다.
여러분,
부분적인 순종은 순종이 아니라 불순종입니다.
또 지금 순종할 일을 나중으로 미루면 현재 불순종하는 것입니다.
불순종의 해결은 완전한 순종뿐이 없습니다.

이스라엘의 불순종은 온 세상에 하나님의 이름을 더럽혔습니다.
불순종은 마치 도미노와 같습니다.
도미노 하나를 넘어뜨리면
순식간에 길게 늘여놓은 도미노 전체가 쓰러지고 맙니다.
바로 이스라엘의 삶이 그러했습니다.

그렇게 불순종한 결과 그들 사회 전체가 병들고
결국 사망에 이르는 지경까지 간 것이
바로 국가나 개인이나 똑같은 것입니다.

어둠 속에 빛나는 별

요 8:12

우리의 신앙이 지금 내세적인가, 현세적인가.

우리는 진정 아버지 앞에 서는 그날을 위해 살고 있는가.

그렇다면 지금 우리 모두는 하나님 아버지를 위해

얼마만큼의 시간을 내어드리고 있는가.

24시간을 우리를 보호하고 계시는 하나님 아버지 앞에

우리는 얼마의 시간을 내어드리고 있는가.

세상 것과 너무 많이 섞여서

그 세상 것 때문에 염려하고 걱정하고 때때로 화가 치밀지 않는가.

여러분,

단 것만 바라지 마십시오.

살다 보면 쓴맛, 죽을 맛이 있습니다.

그러나 고난 뒤에 영광이 옵니다.

절망까지 가 본 자만이 희망을 알고

깜깜한 암흑 속에 있어야 한 줄기 빛이 더 선명하게 보이는 법입니다.
우리를 더더욱 빛내기 위해서
주위에 캄캄한 암흑이라는 도구를 사용하시는 것입니다.
별은 캄캄한 밤중에 더 빛이 나는 것입니다.

우리는 온전히 생명을 걸 수 있는 빛을 만났고
그 빛을 발할 수 있는 빛의 자녀들입니다.
그렇다면 우리는 그 생명의 찬란한 빛을 위해서
그 빛을 더더욱 환히 빛내기 위해서
희생도 필요한 것입니다.
주님 앞에서, 십자가 앞에서 못 버릴 것이 무엇이 있고
못 할 것이 무엇이 있습니까.

하나님 아버지는 이미 우리에게 직언을 통해서
하늘의 것, 영적인 것을 무수히 쏟아부어주셨습니다.
우리는 이미 영의 눈을 가진 자들입니다.
그러나 이 모든 것의 확신에 확신을 더하는 것은
모두 우리들의 몫입니다.
이제는 벼락이 눈앞에 떨어진다 하더라도

눈 하나 깜싹하지 말고 하늘의 보물들을 확고히 지키십시오.

요즘은 오히려 가짜가 더 당당합니다.
그래서 모르는 자가 보면
무엇이 진짜이고 무엇이 가짜인지 분별을 못합니다.
그래서 참새들이 쩍쩍거리며 시끄럽게 하는 세상입니다.
자기들끼리 모여서 별소리를 다 해봤자 독수리 밥밖에 더 되겠습니까.
하나님이 주신 말씀을 명심하시고 현실 속에서 행하십시오.
그 길만이 승리의 길입니다.

하늘나라 지상천국

그 너비와 길이와 높이와 깊이가 어떠함을 깨달아

하나님의 모든 충만하신 것으로

너희에게 충만하게 하시기를 구하노라

(엡 3:19)

천국은 우리들의 머리로 이해할 수 있도록
개념화시킬 수 있는 것이 아닙니다.
겨자씨 한 알의 크기에도 천국이 들어있으며
온 우주를 통해서도 천국이 있고
또한 그 너머의 크기에도 천국은 드러나고 있습니다.
하늘의 생명이 온전한 그곳이 바로 하늘 천국이며
믿음으로 이를 드러나게 하는 그곳에
하늘 천국 생명 싹이 가득한 것입니다.

하나님 아버지께서 하늘 천국 생명의 싹이 가득한 곳이
천국 보물 창고라고 말씀하셨습니다.

그렇다고 해서 그 보물 창고가
이곳의 크기만 한 것이 아니지 않습니까?
여기 선한 빛 생명의 빛을 통해 진리의 빛이 발사되어
온 우주를 덮고 있는 것이
영의 시각으로 보면 감지할 수 있고
또한 영의 시각으로 측량할 수 없는 그 크기를 믿고 나오는 것이
믿음의 자녀들의 모습이어야 한다고 하셨습니다.

또 하나님이 지상 천국이라는 말씀도 주셨습니다.
그런데 지상 천국이라는 말을 아무 데나 갖다 붙이겠습니까?
하나님이 거하시는 곳,
하나님 아버지의 능력이 임하는 곳
그곳이 바로 하늘 천국이 아니겠습니까.

이렇게 천국의 향기, 하늘의 향기는
예수님을 통해, 제자들을 통해
사마리아 땅 끝까지 전해질 것입니다.
왜냐면 그들의 발자취가 곧 하늘나라,
천국을 확장시키는 발걸음이고

연장시키는 연장선이니까요.

사도행전 이후로 막혀있던 그 하늘나라 천국의 지상 첫 출발점이

이제는 하나님만 의지하는

성령 충만한 교회로 옮겨 왔다고 하셨습니다.

그래서 온전한 하늘나라 생명이 이곳에 있기 때문이라고

거듭 말씀하셨습니다.

이제부터 그 넓이와 길이, 높이와 깊음을 연장시키는 것이

우리의 몫이라 하시면서

저 높은 하늘에서부터 이 낮은 예수가 있는 곳까지의 공간을

우리의 넓이와 길이로써 풍성히 채워서

이곳에 거듭난 하늘나라 생명들이 자리 잡도록 해야 할 것입니다.

바로 그 일을 위해서 하나님 아버지께서

하늘의 세계와 능력을 선한 빛 생명의 빛에서 사용할 수 있도록

하나님의 영을 내려주셨고

이 하늘의 영에 의한 찬란한 하늘의 빛이

세상에 가득히 드러날 수 있도록

믿음의 고리를 더욱 튼튼히 하며

더 힘차게 하나님에게로 다가와서
하늘의 것을 갖고 세상을 향해 나가면 되는 것입니다.

온 우주와 온 인류를 품고 기도하는 선한 빛 생명의 빛입니다.
그렇게 온 인류와 우주를 품고 있다는 것은
하나님의 모든 창조물을 끌어안고
자식처럼 책임 있게 보듬고 살펴 가고 있다는 뜻이기도 합니다.

하나님의 영으로 온전히 뒤덮여 하나님의 마음으로 살아가는
선한 빛 생명의 빛 교회이기에
하나님의 모든 것이 이 교회 위에 내려질 수밖에 없는 것이며
오직 하늘의 뜻을 성취하기에 전심을 다하고 있기에
하나님의 모든 것이 임할 수밖에 없다고 하셨습니다.

진정으로 하늘을 알고 하나님이 누구이신 줄 안다면
그래서 그 사명에 흠뻑 취한 자는 이리될 수밖에 없을 것입니다.
이제 말씀을 확실히 들었음에도
본질과 핵심을 모르는 자처럼 경홀히 여기면
이것은 참으로 큰일입니다.

이렇게 하늘의 큰 빛을 받고도 그 빛을 드러내지 못한다면 정말 뭣도 아닙니다.

앞으로 계속 하늘의 세계는 뻗어 열려 나가게 될 것입니다.

겸손과 온유와 순종으로 따라오십시오.

의인의 지혜

의인은 누구인가.

하나님께 인정받는 사람이 의인입니다.

그래서 약 5:16,

의인이 간구하는 기도는 역사하는 힘이 크다고 하셨습니다.

여러분,

진리의 길을 걷는 사람이 의인입니다.

그렇다면 지금 내가 걷고 있는 길이 진정 진리의 길인가.

그것이 맞고 확실하다면 끝까지, 듬직하게 한 우물만 파십시오.

그러나 믿음이 적은 사람은 한 우물만 파지를 못합니다.

무엇인가 자신의 뜻대로 이뤄지지 않고 시간이 지나면

의심의 눈초리로 계속 바라보다 자신이 위험해지면

곧장 도망하거나 다른 구멍을 파기도 합니다.

사람들은 그것을 지혜롭다고 합니다.

그러나 의인은 오직 진리, 그 길 위에 서서 한 우물만 파는 것입니다.

파다가 물이 나오지 않는다 해도

절박함과 끈질긴 믿음으로 인내한 그 사람에게

그 절박한 그 시점이 바로 하나님을 만나는,

체험하는 시간임을 명심하셔야 합니다.

그래서 의인은 때로 무식하고 우직하리만큼 한 길만 걷는 것입니다.

그러나 믿음이 약한 사람은

우물을 깊숙이 파다가도 응답이 너무 늦어서

아닌 것 같으면 그 옆으로 옮겨 또 다른 우물을 파고 있습니다.

이것은 무엇을 말하는가 하면,

자신의 힘으로 계속하려고 하는 것입니다.

그래가지고서야 어떻게 하나님 아버지를 만날 시간이 있겠습니까.

예를 들어서 하나님을 3시에 만나기로 약속해 놓고

2시 50분쯤 돼서 안 오신다고 가버린다면,

그다음 날 3시를 기다리다가 2시 50분에 가기를 계속 반복한다면

그 사람이 일구어놓은 땅은 꼭 두더지 굴처럼 여기저기 들쑥날쑥..

인내하지 못함을 보여주고 있는 것입니다.

어찌하면 빨리 갈 수가 있을까 꾀를 쓰다가

그만 갑절이나 늦어버리는 것입니다.

그래서 복 있는 사람은 악인의 꾀를 따르지 아니하며
죄인들의 길에 서지 아니하며
오만한 자의 자리에 앉지 아니하고..
악인의 꾀와 의인의 지혜는 얼핏 보면 비슷하게 보일지 모르지만
하늘과 땅 차이인 것입니다
그래서 여러분에게 제가 매번 강조하는 것이
의인의 지혜에 주목하라는 것입니다.

의인의 지혜는 말씀에서 나옵니다.
그러므로 우리는 성경말씀을 읽고
내 것으로 만드는 것이 무엇보다도 중요합니다.
그래서 말씀 안에 있는 그 가치를 빨리 깨달으셔야 합니다.
절대로 말씀을 경홀히 하지 마시고
내 안에서 살아 움직이게 하십시오.
머리로 안다고 해서 말씀을 소홀히 하고 거들떠보지 않는다면
점점 멀어지는 그 방심의 틈을 타고
악인의 꾀, 방법이 파고들어 오는 것입니다.

절대로 말씀의 끈을 놓지 마십시오.

말씀을 주야로 붙드는 자에게는 하늘의 생수가 터질 것입니다.

그래서 매일매일 목마르지 않는 생수를 마실 것입니다.

그 물이 마를 날이 없고 끊기는 날이 없을 것입니다.

그 물이 내 안에서 항상 흐르게 하십시오.

흐르던 물이 막히게 되면 사해가 되는 법입니다.

흐르게 하십시오.

흐르는 물은 그 어떤 것도 맑게 만들 수 있는 정화력이 있어서

맑을 수밖에 없습니다.

그러나 고인 물은 외부의 오염에 그대로 노출될 수밖에 없습니다.

제가 말씀드리는 물이 흐른다는 것은

말씀을 항상 읽고 그것을 행한다는 것입니다.

생명을 살리는 하늘의 직언을 듣는 여러분이

그 어떤 길을 가더라도 하나님이 인정하시면

그것이 길이고 그곳에서 잎이 나고 싹이 나고

분명히 열매가 맺습니다.

그러므로 우리는 아버지께서 주시는 그 어떤 말씀도

순종하며 따라가십시오.

절대로 순복할 수 없는 결과라고 따지지 말고
순종하십시오.

다윗을 보십시오.
밧세바에게 난 자식의 죽음을 알자마자 하나님을 원망하지 않고
털고 일어나 새롭게 한 것처럼
그 일이 발생하기 전까지는 기도도 좋고 무엇도 좋습니다.
하고 싶은 대로 해도 좋습니다.
그러나 결과가 발생했을 때 자기가 원하는 대로 되지 않았다하여
하나님을 인정하지 않으려는 태도는 버려야만 합니다.
그것을 다른 말로 표현하면,
하나님의 심판을 부정하는 것과 같습니다.
우리가 최고로 노력하는 것도 좋지만 정말 중요한 것은
그 방향이 하나님이 원하시고 인정하는 것이 돼야만 하는 것입니다.

6부

예수님, 십자가, 부활

기쁘다 구주 오셨네

생명의 빛

성탄의 기쁨

예수 그리스도를 닮지 않은 그리스도인

생명의 탯줄 영혼의 호흡

예수님의 이름은 하늘의 마스터 키

죽기까지 복종하라

33살의 젊은 청년 예수 그리스도

기적

패션 오브 크라이스트

십자가의 무게와 아픔

십자가의 삶

기쁘다 구주 오셨네

예수님이 오시는 표적을 목자가 아닌

서기관이나 제사장들에게 알려주었더라면

그들은 그대로 믿고 따랐을까?

다시 말씀드려서

예수님 탄생 징조를 왕이나 대제사장에게 먼저 알렸다면 말입니다.

그러나 하나님은 그들에게 알린 것이 아니라

바로 목자들에게 알렸습니다.

양이나 돌보는 목자

아주 평범하고 낮고 낮은 신분에 속하는 목자입니다.

목자가 한밤중에 자기 양 떼를 지킬 때

이 기쁜 소식이 들린 것입니다.

낮고 낮은 목자 가운데서도 다윗처럼 자기 일에 열심이고 충성인 자

한밤중에 잠도 못 자며 양을 지킨 그런 목자에게

이 놀랍고 놀라운 소식을 알려주셨다고 하셨습니다.

다윗 동네에 너희를 위한 구주가 나셨다

왕의 동네에 구주가 나셨다.

그런데 왕의 동네에 나신 구주는 인간들의 생각과 전혀 달랐습니다.

강포에 싸여 구유에 뉘어있는 아기가 바로 표적이었습니다.

우리가 생각할 때 왕이라 하면

비단으로 싸여 왕궁에서 태어나도 시원찮을 텐데

강포에 싸여 말 밥통이라니..

목자들은 그나마 받아들일 수 있었지만

대제사장이나 서기관 그리고 왕들에게 이 소식이 갔다면

그들은 틀림없이 부정했을 것입니다.

그들이 생각하기에는 처음부터 왕답게 태어나는 것

바로 거기서부터 시작하고 그리고 그들의 마음에 들어야지

그리고 그들이 생각해 온 구주는

이 땅에 평화를 줄 권위가 번쩍번쩍하는 것을 원했다고 하셨습니다.

그런데 그런 기본에 맞지도 않는

그런 이상한 루트를 통해서 태어나는 것을 인정할 수 없었습니다.

그러나 보십시오.

세상을 구원할 메시아는

우리 인간들의 요구와 기대에 다르게 탄생하셨습니다.

여러분,

성탄을 맞이해서 인간들이 명심해야 할 일들이 있습니다.

예수님은 우리 인간들의 기대와 요구를 채워주러 오신 분이 아닙니다.

보십시오.

예수님의 탄생부터 죽음, 다시 부활까지

우리 마음대로, 우리 기대대로 된 것이 있습니까.

우리가 예수님께 맞춰야 합니다.

나 자신을 부인하고 자기 기대와 욕심을 버리고 예수를 좇는 것입니다.

온 세계가 다 놀랄 이 소식,

바로 한밤중에 목자들에게 전해졌습니다.

그런데 표적치고는 참 초라하기 짝이 없습니다.

물이 금으로 변해도 부족할 텐데

겨우 추하고 낮은 말구유에 누워 있는 아기라니

사람의 생각과 눈으로 볼 때 그렇게 초라하고 볼품이 없을 수 없습니다.

좀 믿기 좋게 해주면 얼마나 좋을까요.

그에 길맞게 말입니다.

그러나 여러분,

이것이 바로 예수 믿는 것의 시작입니다.

예수님을 믿는 것이 내가 좋을 때, 내가 원하는 대로 믿는 것이 아니고

예수님이 주는 것이라면 무엇이든 믿고

내가 믿고 싶지 않고 힘들더라도 믿는 것이 바로 믿음입니다.

예수님은 그렇게 탄생하셨습니다.

우리 인간들의 정치적 소망과 가난해서 구해준 것이 아닙니다.

그러나 그 당시 사람들은 모두가 그런 것을 원했고

예수님을 그런 왕으로 삼으려 했지만!

그러나 알고 보면 그 이상의 것을 주셨습니다.

인간의 생각으로 볼 때 우리 각자의 소원이 안 이뤄진 것 같지만

모든 것이 다 이미 이루어졌습니다.

예수님의 탄생과 예수님의 사역으로 인해서

모든 것이 다 이루어졌다고 하나님이 말씀하시면서

이번 성탄에는 그런 의미를 확실히 아는

성탄절이 되길 바란다고 하셨습니다.

생명의 빛

예수님은 이 땅에서도 하늘에서도 왕이십니다.
예수님이 진정한 왕으로서 어찌 살아야 하는지를
몸소 보여주셨습니다.
우리는 빛의 자녀들입니다.
예수님은 빛으로 세상에 오셨습니다.
이제 예수를 믿으면서도
빛을 빛으로 보지 못하는 어리석음을 범치 마십시오.

부모를 통해 자식이 태어났으면서도
자식이 자신의 부모를 알지 못하는 것만큼
안타깝고 슬프고 불행한 일이 어디 있겠습니까.
우리는 육신의 아버지도 알고 하나님이 우리 아버지임을 알고 있지만
이 지구상에 부모의 얼굴과 이름조차도
모르는 아이들이 얼마나 많은지
이 아이들이 바로 영적 고아들이 아니겠습니까.

여러분,

영적 고아가 육적 고아보다 더 무서운 것입니다.

예수님이 누구인지 모르고서 있는 것이 어둠 속에 있는 것입니다.

어둠 속에 있는 자는 무엇이 어둠인지 모릅니다.

오히려 빛을 어둠이라고 합니다.

그래서 빛이 들어오면 오히려 빛을 배척합니다.

여러분은 빛의 자녀입니다.

빛을 맞이하고 환영하고 빛을 온몸에 가득 품으십시오.

그리고 그 빛을 증거하십시오.

이것이 우리가 받은 사명이고 특권입니다.

선한 빛 생명의 빛에 오신 여러분은

빛의 자녀로서 자부심을 확실히 가지십시오.

지금 세상은 하나님을 안다는 자들이 오히려 하나님을 외면했습니다.

오히려 그 안에 사람의 것만, 세상의 것만 가득 차서

깨끗한 것이 나오질 않습니다.

사람의 것, 세상의 것을 버릴 때 빛이 들어갈 통로가 생기는 것입니다.

빛은 태초부터 있었고 생명력이 있고 따뜻합니다.

참 빛은 살아 숨을 쉬며 움직이고 역사합니다.

형태가 없는 빛은 받는 사람의 그릇에 따라 담기워지며

깨끗한 사람일수록 그 빛을 받아서 투명하게 전파할 것입니다.

참 빛은 가지 않는 곳이 없고 버려두는 외진 곳이 없습니다.

이 세상 온 구석구석 다 빛이 닿는 것입니다.

빛을 막을 수 있는 것이 없고 막힘이 없고 거침이 없이 역사하리라.

그 빛을 전 세계로 뻗어가야만 합니다.

성탄의 기쁨

성탄절 예수님의 탄생을 기뻐하며 온 인류가 야단입니다.

예수님은 온 인류의 생명을 살리고 구원하려 이 땅에 오셔서

십자가에 돌아가신 분입니다.

그러니까 예수가 나로 인해 십자가에 죽고

그의 피로 사는 인생이 우리들입니다.

그만큼 우리의 인생이 중요하고 소중합니다.

또 내 인생이 소중한 만큼 타인의 인생도 소중합니다.

왜입니까.

예수의 피로 산 생애이기 때문입니다.

지금 내가 보내고 있는 1분 1초도 예수의 피로 이뤄진 것입니다.

그렇다면 그 귀중한 시간에 우리는 무엇을 해야 하는가.

예수의 피 한 방울로 이뤄진 시간,

이 시대 신자들은 어찌 보내야 하는가.

그 시간을 진정 참으로 안다면

지금의 시간을 쓰레기처럼 보낼 수 없습니다.

또한 그 참의 시간을 진정으로 깨달았을 때
내가 그저 적당히 성탄을 즐기며 캐럴을 부르던 그 시간에
예수의 피를 얼마나 버렸는가에 대해
눈물로 회개하여야 할 것입니다.
어떤 시간입니까.
이것을 깨달았을 때의 기쁨,
진정 성탄의 기쁨입니다.

그리스도인들에게 주어진 하루는 어떤 시간인가.
무엇을 해야 하는 시간인가.
그 언젠가가 아닌 이제는 진정 지금 해야 하는 시간입니다.
사람이 그 가치를 어디에 두고 사느냐에 따라 삶이 달라집니다.
1차원에 두는가, 2차원에 두는가 아님 3차원인가.
예수의 피 한 방울로 얻어진 나의 인생
어디에 그 가치를 두고 살아야 하는가.
오직 하늘을 바라보며 영적 가치에 올인해서 살아야 합니다.
내가 받은 하늘의 생명,
이것을 모르면 백날 살아도 그 가치가 올라가지 않습니다.
이제 하늘의 가치에 눈을 뜨십시오.

이것에 눈을 뜬 자는 세상 그 어떤 것과도

맞바꾸고 대신할 수 없음을 압니다.

그 어느 것도 대체할 수 없음을 압니다.

지금 이 시간이 귀하다는 것을 안다면

대신할 수 없고 대체할 수 없다는 것을 안다면

우리는 이것이 1순위가 되고 첫째가 되고

세상 그 어느 것에도 눈도 마음도 갈 수가 없을 것입니다.

하나님이 그 시간 어찌할지라도, 설령 외롭고 괴롭더라도 말입니다.

여러분,

예배에 생명을 거십시오.

습관, 형식, 의무가 돼서는 안 됩니다.

진심을 담아야 합니다.

그 무엇을 하든 진심을 담아서 해야 합니다.

하나님은 형식을 제일 싫어하십니다.

형식으로 주일 지키고

형식으로 전도하고

형식으로 십자가 목걸이 달고

형식으로 성경 읽고 봉사하고

그 형식, 형식,

형식화되는 것을 제일 싫어합니다.

바로 그 형식을 깨러 오신 분이 예수님이십니다.

사람들이 자기가 알고 있는 신앙, 그 형식을 깨려 할 때

자신의 것을 뺏기는 줄 압니다.

기득권자들, 자신의 것 뺏기는 줄 알고 오히려 역이용합니다.

이제 신앙의 틀, 믿음의 틀을 깨십시오.

이제 선한 빛 생명의 빛은

진리의 공의 앞에 서서 분명 틀을 깨는 생명의 길로 갈 것입니다.

시대를 향해서, 이 시대 교회를 향해서

나 자신부터 공의의 칼 앞에 서서 하나님의 말씀을 전할 것입니다.

예수 그리스도를 닮지 않은 그리스도인

세상의 길과 하늘의 길은 처음부터 다릅니다.

마치 천국과 지옥의 차이입니다.

그래서 하나님과 동행하는 사람의 삶은

세상과 충돌할 수밖에 없습니다.

하나님의 길과 세상의 길은 처음부터 나란히 갈 수가 없기 때문입니다.

서로가 상대를 잘라버리려고 하기 때문입니다.

바로 이런 과정에서

마찰과 적대와 갈등 또한 핍박이 생길 수밖에 없습니다.

그런데도 이 시대 기독교는 세상의 편한 방법과 적당히 타협해서

세상과 마찰 없이 아주 잘 지내고 있는 것 같습니다.

교회가 세상의 적대적 태도를 두려워하여 움츠러들여서

하나님을 제대로 알리지 못하고 있는 현실입니다.

그래서 오히려 말씀을 제대로 전해야 하는 곳에서

물질로 봉사하며 입막음하여

그들의 비위를 맞추려 하고 있습니다.

성령님이 충만하셨던 예수님을 보십시오.

그분이 이 땅에 계실 때, 활동하실 때

세상이 얼마나 그를 반대하고 핍박했는가.

교회 역사를 봐도 알 수 있습니다.

성령님의 뜻에 따라 거룩하게 살려는 교회들이

당시 얼마나 핍박을 받았는지

성령님은 기독교를 세상에 잘 적응하도록 하는

종교가 되길 원하지 않으십니다.

그런데도 왜 그렇게 세상에 비위 맞추고 적응하려고 하는가.

그것은 바로 십자가를 제대로 전하다가 당할지 모르는

수모를 피하고자 함이 아닙니까.

성령님이 지금 우리에게 원하시는 것은

세상이 무어라고 말하든

우리가 말씀 안에서 하나님과 동행하는 것입니다.

오늘 이 시대 기독교가 그 많은 시간과 돈과 노력을 쏟아 부우면서

세상에 전하는 것이 무엇이란 말인가?

혹시 세상과 기독교를 혼합, 혼혈시켜서 전하고 있지는 않은가.

명심해라.

십자가의 기독교는 세상에 비위나 맞추려고
아첨하지 않는다는 사실입니다.

오늘 이 시대 기독교 최대의 적이 무엇인가.
그것은 물질주의도, 자유주의도 아닙니다.
그것은 바로 그리스도를 닮지 않은 그리스도인들입니다.
이들에겐 진정 영혼에 대한 갈급함, 긍휼함이 없이
단지 결신자 한 사람 더 만들기 위해서
목표 의식에만 집착하고 있는 것만 같습니다.

여러분,
이런 세상적 방법은 결국 처음엔 우리에겐 달콤한 입맞춤이 되었다가
결국 배신할 것입니다.
육신을 편안하게 어루만져주는 척하다가
결국 비수를 대고 찌를 것입니다.
하지만 하나님은 처음 만났을 때 우리에게 깊은 상처를 줄 수 있지만
치료하여 정결케 하시여
하나님과 하나가 되게 하는 거룩한 상처가 될 것입니다.

생명의 탯줄
영혼의 호흡

요 6:47-51

예수 그리스도는 자신이 생명의 떡이 되어

자신을 아낌없이 온 인류에게 내어주셨습니다.

이 세상 모든 것을 다 통틀어도 이렇게 큰 사랑이 없습니다.

지금 세상에 그 누구든, 그 어떤 종교가 되든

예수님을 믿지 않고서는 영생을 얻을 수가 없습니다.

예수 그리스도를 통하지 않고

진정, 영원한 생명을 얻을 자가 없다

이 말입니다.

예수님은 우리 영혼의 생명이자 호흡입니다.

어린아이에게 어미의 탯줄이 생명이듯,

인간 모두에게는 예수님이 생명의 탯줄이십니다.

우리는 지금 예수를 믿는 자로써

예수님을 그저 배고플 때 먹을 수 있는

만나로만 생각하고 있지는 않은지

자신의 욕심만 채워주는 것이 목적이 돼서,

만나가 목적이 돼서는 안 될 일입니다.

예수님 자체가 목적이 되어야 합니다.

만나는 잠시 잠깐 만족을 채워주지만

예수 그리스도는 영원한 생명과 끊임없는 만족을 주시는 분이십니다.

그분을 믿기만 하면 그 속에 있는 영원한 생명을 약속받고

그 안에 있는 부요함이 다 내 것이 되는 것입니다.

우리가 예수님을 믿을 때 진정 이 사실을 알고 믿는가

아니면 그냥 대충 믿고 있는가.

생각해 보십시오.

예수님 그분이 과연 누구이신가.

바로 우리를 위해 자신의 목숨도 아낌없이 십자가에 달리셨습니다.

사랑을 몸소 보여주시고 희생을 몸소 보여주셨습니다.

예수님 그분은 기다려주고 인내해주고

죄인 된 자녀들을 진흙탕 속에서 빼내기에 여념이 없으셨습니다.

그분은 하나님의 본체로서 이 세상에 성자 하나님으로 오셔서
성부 하나님을 증거하고 믿게 하려고
십자가에 피 흘려 돌아가시고 사흘 만에 부활하신
예수 그리스도이십니다.

예수님이 이 땅에 내려오신 것은 하나님 아버지의 사랑이요
하나님 아버지의 영원한 약속이십니다.
누구든 예수를 믿는 자마다 영생을 얻습니다.
예수님은 이렇게 화목제물로, 구원자로 이 땅에 보냄을 받았습니다.
바로 모든 인류를 구원하기 위해서입니다.

지금 이 시대 우리는 하늘로부터
너무나 많은 은혜를 받고 사는 자들입니다.
만나를 주면 만나를 받고,
메추라기를 주면 그저 다 받습니다.
그런데도 감사는 없고 모두가 불평, 불만을 하는 이 시대 아닌가.
꼭 광야에 젖어있는 이스라엘 백성들과 한 치가 틀리지 않습니다.

왜 은혜를 은혜로 알지 못하고

예수님을 알려 하지도 않고

하나님도 알려 하지 않고

왜 맨날 만나와 메추라기 타령을 하는

그 옛날 이스라엘 백성과 똑같이 살고 있는가.

만나와 메추라기를 주는 것은 하나님을 알라고,

하나님을 바라보라고,

하나님만 믿으라고,

하나님만 의지하라고 주신 것인데

그냥 그것을 받고서도 그것이 영생으로 이어져 오지 않을 때

하나님 아버지의 마음이 얼마나 쓰리고 아프시겠습니까.

정말 은혜를 받고 예수님을 안다면,

이제 입으로만 주여 주여가 아니라

올인해서 믿고 따르는 것이 마땅한 것입니다.

우리가 편한 대로 적당히 믿으라고 은혜를 내려주신 것이 아닙니다.

예수님이 우리에게 생명을 주고 생명이 되신 것처럼

우리도 예수님에게 생명을 걸고 믿어보십시오.

그럴 때 참 생명의 맛을 알게 될 것입니다.

그래서 진정 그 맛을 본 자는

확실히 영생에 소망을 두고 사실 것입니다.

진정 하늘을 아는 자는 더 이상 이 땅에 연연하지 않고
하나님의 뜻을 절대로 외면하지 않습니다.
만나만 맛보고 광야에서 죽는 자가 되지 말고
은혜도 알아서 가나안 땅에 들어가는
복 받고 사랑받는 자녀들이 되시길 축원합니다.

예수님의 이름은
하늘의 마스터 키

요 14:13-14

우리들이 기도하고 난 다음

예수님의 이름으로 기도 드렸습니다 합니다.

그런데 우리는 예수님의 이름으로 기도했다는 것을

너무 쉽게 생각하거나 간과해 버립니다.

정말 우리가 매번 예수님의 이름으로 기도합니다 하면서

예수 이름으로 기도한다는 것이 무슨 뜻인지

깊이 생각해 보신 적이 있습니까?

성경에 보면

예수님께서 우리에게 주기도문을 가르치실 때도

맨 마지막에 예수님 이름만 넣으면 된다고 말씀하셨습니다.

예수 그 이름, 말 그대로 하늘에서 마스터키 같은 것입니다.

옛날 왕이 있던 시절로 비유해 보면,

왕의 아들이 궁궐을 다닐 때 누가 뭐라 하겠습니까.

왕의 아들 얼굴, 아들 그 자체가 곧 권한을 지니고 있으므로

다른 설명이 필요 없이 마음대로 궁궐 안을 다닐 수가 있는 것입니다.

왕의 아들은 그 자체로, 그 존재만으로도 모든 것을 말하고 있습니다.

그래서 어떤 일이 있을 때 왕이 시켰다거나

왕의 아들이 시켰다고 말만 해도

사람들은 진위 확인만 하고서는 진짜 일을 처리해 주기도 합니다.

진짜 왕이 시켰는가,

정말 왕의 허락이 떨어졌는가.

이것만 확인되면 됩니다.

왜냐면 가짜, 거짓이 있기 때문입니다.

예수님의 이름은 어폐 같은 것이 돼서

막힌 것을 뚫어주는 힘을 지니고 있습니다.

예수님의 이름을 쓸 때 왕과의 관계성도 없이 그저 쓰기만 한다면

그자는 사기꾼이지요. 거짓이지요.

예수님의 이름을 쓸 때는 예수님과의 관계성이 먼저입니다.

관계성도 정립이 되지 않은 자가 쓸 때는

"야, 거짓 사단아. 네가 누구인지 나도 안다"
라는 말을 듣게 되는 것입니다.

먼저 예수님과 관계 정립이 된 다음 예수 이름으로 구해야지
바로 그럴 때만이 오케이 사인이 나는 것입니다.
관계 형성이란 예수님을 안다는 것입니다.
예수님을 알면 예수 이름으로 구한다는 것에
합당한 기도를 하게 됩니다.
거기에 합당한 기도를 하게 되는 것입니다.
우리 손에 국새를 쥐고 있을 때 무엇을 하시겠습니까.

그 엄청난 국새로 아기 기저귀를 구하지는 않을 것 아닙니까.
국새로 찍기에 합당한 것,
국새가 부끄럽지 않은 것을 할 것 아니겠는가.
지금 우리가 예수님의 이름을 쓴다는 것이 무엇인지 알고
그 이름에 합당하게 생활해야 합니다.
예수님의 이름을 쓰는 자가 개망나니 짓을 하고 다니면
하늘에 먹칠하는 것입니다.

이 땅에서 수도 없이 많은 자들이 하늘에 먹칠을 해서

하나님이 얼마나 많은 욕을 먹었는지 모릅니다.

입으로는 하나님밖에 없다고 하면서,

기독교만이 유일하다고 하면서

그 입으로, 그 몸으로 죄를 지으니 말입니다.

생각해 보십시오.

세상 어디에 자기 자녀가 되면 국새를 마음대로 사용하는

이 자유가 어디 있습니까.

세상 어떤 왕이 자기 자식에게 이렇게 해준단 말입니까.

하나님은 우리에게, 자녀가 된 자들에게

이렇게 무한대의 자유와 권리를 주셨음에도

우리가 그것을 잘 모르고 사용하기 때문에

그만큼 하나님이 인간들에게 욕을 먹고 있다고 하셨습니다.

우리가 사용을 잘못해서 그런 것입니다.

언제나 예수님의 이름으로 구할 때는

예수님의 마음과 합한 자가 돼서 구해야 이루어집니다.

예수 따로, 이름 따로는 아닙니다.

색깔 이론으로 말씀드리면,

예수님이 파란색일 때 빨간색이 예수 이름을 써도

그것은 아니라는 것입니다.

다시 말씀드려서,

사단이 예수 이름을 쓴다고 해서 그것이 이뤄지는 것이 아닙니다.

엄연한 하나님과의 관계, 예수님과의 관계가 정확한 자가

예수님 이름을 쓸 때 그 힘이 발휘된다는 것입니다.

진정으로 하나님과의 정립이 올바로 된 자는

그 뒤로부터는 하나님께서 기뻐하는 일만 하게 되는 것입니다.

절대 사단이 좋아하는 것을 하지 않습니다.

그쪽으로는 눈길도 주지 않습니다.

바로 이런 자만이 예수님 이름으로 기도합니다를 정확히 알고

예수님 이름을 쓸 줄 아는 것입니다.

아무리 좋은 최첨단 무기가 있으면 무엇합니까.

쓸 줄 모르면 무용지물인 것을요.

쓸 줄 알고 사용할 때 그 가치를 발휘하게 되는 것입니다.

예수 이름을 가치 있게 쓰시는 여러분이 되시길 기원합니다.

죽기까지 복종하라

이 말씀은 사람들에게 복종하라는 말이 아닙니다.

사람이 지니고 있는 힘과 권력에 복종하라는 이야기가 아닙니다.

죽기까지 복종하라는 것은

예수 그리스도의 사랑 안에 복종하라는 것입니다.

예수 그리스도가 죽기까지 낮아지고 복종할 수 있었던 것은

그 본질 자체가 사랑이기 때문입니다.

내가 죽어 성령이 내 속에 들어와

모든 이들을 다 품고 겸손할 수 있도록

먼저 죽고 비워야 합니다.

이런 사람만이 상대방의 결점까지 극복할 수 있는

하나님의 사랑이 임한 것입니다.

하나님에게 복종하는 자녀는

하나님이 만드신 모든 피조물에게도 사랑할 수밖에 없습니다.

이 세상 만물이 다 하나님의 것이니

아끼고 사랑할 수밖에 없습니다.

우리는 지금 성경을 배우고 예수님을 믿은 지 얼마나 됐는가.

몇십 년.

그렇다면 정말 우리는 지금 성경의 가르침대로 가고 있는가.

왜 아직도 죽지 않고 자기식대로 신앙생활을 하고 있지 않은가.

왜 예수님의 가르침과 반대로 가는 자가 이 시대 왜 이렇게 많은가.

예수님은 죽기까지 낮아지셨는데

이 시대 하나님의 자녀들은

오히려 죽지 않고 어디까지 높아지려고 하는가.

어디까지 올라가려 하는가.

진리가 아닌 곳에서 아무리 바쁘고 열심히 해봤자

말짱 헛것입니다.

나는 지금 진리 위에 서 있는가.

이 시대 자녀들,

그 옛날 바벨탑을 쌓던 그들과 무엇이 다르단 말인가.

진정 부와 명예를 보고 예수님을 따라왔는가,

아니면 예수님을 보고 믿고 따라왔는가.

그 초라한 십자가를 지고 가는 주를 끝까지 따라가고 있는가.

여러분,
십자가 안에는 십자가뿐이어야 합니다.
무슨 말이냐면,
십자가가 세상의 보석을 숨겨두는
보석함이 돼서는 안 된다 이 말입니다.
십자가의 길은 예수님을 따르는 길입니다.
오직 내어주고 낮아지고 죽기까지 따르는 길입니다.
자기는 없고 오직 내 안에 성령님만 살아계심이
십자가의 사람입니다.

십자가의 사람은 자기 자신은 없고
오직 하늘에서 비추는 대로 하늘의 것만 존재하는 자입니다.
지금 십자가의 사람을 어디서 찾아야 하는가.
저 높고 높은 곳, 마법의 성 같은 곳에 있는 자가
십자가의 사람이 아니라
이 낮고 낮은 곳, 소외되고 비천한 사람들이 좋아서
친히 낮은 곳으로 와서

우리가 만나기를 원하면 언제든지 만나주는 낮은 곳,
그 맨 밑바닥에 있는 자가 십자가의 사람입니다.
여러분이 바로 그 십자가의 사람이 되시라 이 말입니다.

33살의 젊은 청년 예수 그리스도

말씀이 육신이 되어 이 땅에 오신 예수 그리스도.

예수님은 우리를 위해 우리의 죄를 사하시기 위해

마지막 피 한 방울까지도 아끼지 아니하시고 모두 다 쏟고 가셨습니다.

예수님께서 우리에게 부탁하신 말씀입니다.

"아무든지 나를 따라오려거든 자기를 부인하고

자기 십자가를 지고 나를 좇을 것이니라"

그렇게 마지막 피 한 방울까지도 자신의 사랑하는 자녀들을 위하여

온전히 내어주고 가신 예수님의 이 말씀 앞에

이 시대 그분이 목숨까지 버리고 사랑했던 양들,

그 양들을 돌보는 주님의 종들,

그 종들에게 주께서 이렇게 말씀하십니다.

너희는 그들을 위해 무엇을 내어주고 내게 오려 하느냐.

말뿐인 진리는 진리가 아닙니다.

그 안에 생명이 없습니다.

진리의 생명은 실천함으로 얻어지는 것입니다.

여러분,

무엇을 물려주고 있습니까.

허위와 허상으로 가득한 마법의 성을

진리라면서 물려주고 주님 앞에 서려고 하는가.

보십시오.

예수님은 하늘로부터 받은 귀한 생명을

우리에게 온전히 다 내어주고 다시 하늘로 올라가셨습니다.

지금 우리가 걷고 있는 길이 예수님의 길을 걷고 있다면

아니 소속이 분명 하늘이라면

우리가 예수님에게로부터 받은 온전한 하늘의 것을

세상에 다 뿌리고 비우고 빈 몸으로

온전히 주님 앞에 서야 할 것입니다.

그랬을 때만이 하늘로부터 받은 은혜,

그 은혜의 종으로써 온전한 모습이 나타나는 것이고

그랬을 때만이 하나님이 최고로 기뻐하시는 삶이며 바램입니다.

이 세상 하나님의 종들이

소외되고 고통받는 양들에게 무엇인가 나눠주려 한다면

그것은 분명 자신이 먼저 십자가를 통과한 하늘의 것이어야 합니다.

주님께 모든 것을 맡기라고 선포했다면

그 후에 어떤 환난, 고통이 그 바닥에서 헤매이더라도

오직 예수님만 의지하게 하는 것입니다.

그것이 진리이고 기준이고 생명입니다

기적

기적은 어디서 나타나는가.

기적은 바로 예수가 있는 곳에서 나타납니다.

기적은 예수님이 거하시는 곳에,

실체에 따라다니는 그림자와도 같습니다.

그렇다면 우리는 실체를 먼저 보고

그에 따라오는 그림자는 그다음으로 봐야 할 것이 아닌가.

실체나 본체가 없이 그림자만 요구하는 것은 허상입니다.

그런데 왜들 그렇게 허상을 쫓아다닙니까?

오병이어의 기적 사건에서도

예수님의 제자들은 육적인 눈으로 판단하며

이곳은 빈 들이고 날도 이미 저물었으니

무리를 보내서 마을에 들어가

먹을 것을 사 먹게 해달라고 하였습니다.

그런데 여기서 명심하며 할 일이 하나 있습니다.

아무리 환경이 어둡고 해답이 보이지 않더라도

답을 외부에서 찾으면 안 되는 것입니다.
예수님이 계신 곳에서 찾으십시오.

예수님이 계신 곳에 답이 있지, 예수님과 떨어진 것은 아닙니다.
오병이어의 기적은 이처럼 예수가 있는 곳에서 발생한 기적입니다.
예수님과 함께 있는 것이라면
아무리 작은 것이라도 귀하게 됨을 보여주고 있는 것입니다.
지금 우리에게 떡 다섯 덩이와 물고기 두 마리가 있습니까?
있다면 예수에게 내어드리십시오.

하나님이 말씀하십니다.

"내 아들 예수 앞에 내어드리라 내 아들 예수가 제일 귀하게 쓰노라.
사람에게 있으면 3,4명을 먹일 양식이라도
예수에게 가니 오천 명을 먹임이라.
예수 또한 그것을 하늘을 우러러 축사하였노라."

보십시오,
떡 다섯 덩이와 고기 두 마리.

예수님 안에 있을 때 능력을 보여주었습니다.

지금 우리 안에도 떡 다섯 덩이와 물고기 두 마리가 있습니다.

아니 그 무엇이든 이보다 작은 것이 있다 하더라도

예수님의 품에만 들어가면

생명을 살리는 귀중한 것으로 바뀌는 것입니다.

지금 내 안에 무엇이 있는지 두 눈 똑바로 보십시오.

그리고 보셨으면 그 하찮은 떡 다섯 덩이와 물고기 두 마리 같은 것을

예수님께 내어드리십시오.

아무것도 아닌 것이 예수님에게 가면

인류를 구원하는 큰 도구로 쓰임 받을 수가 있습니다.

우리는 알지 못하지만 예수님은 다 아십니다.

그러니까 예수님의 말이라면 무조건 순종하십시오.

예수를 알기에 힘을 쓰시고

예수님에게 내어드리기에 바빠 보십시오.

유명한 스타 앞에 수천만의 팬들이 모여서

서로 손 내미는 그 선물을 한 번만 그 배우가 받아주면

주는 입장에서 얼마나 큰 영광입니까.

예수님에게 내밀 수 있는 자체가 영광이고

예수님이 그것을 받아 사용하는 자체도 영광이지 않겠습니까.

여러분 안에 오병이어의 기적을 일으키십시오.

더 이상 지체하지 마십시오.

더 이상 인색하지 마십시오.

예수님은 잔잔한 물결에 태풍을 만드실 수 있고

구름 한 조각, 바람 한 점으로 역사할 수 있고

또한 이 모든 것이 없다 하여도 무에서 유를 창조하는 주님이십니다.

우리를 위해 오병이어의 기적을 일으킨 역사를 절대로 잊지 마십시오.

패션 오브 크라이스트

죽음이 얼마나 심각한가를 보여주는 영화였습니다.
십자가를 지는 죽음.
정말 처절했습니다.

"그가 찔림은 우리의 허물 때문이요 그가 상함은 우리의 죄악 때문이라
그가 징계를 받으므로 우리는 평화를 누리고 그가 채찍에 맞으므로
우리는 나음을 입었도다"

(사 53:5)

매를 맞고 쓰러지실 때
온몸에 붉게 피멍이 들고 계속 이어지는 채찍은
살점이 푹푹 패져서 온몸이 붉은 피요
바닥에도 온갖 붉은 핏물이었습니다.
우리의 죄 때문에 십자가를 지고 가시는 예수님,
쓰러지고 또 쓰러지고.
거기다 온갖 중상모략 대제사장의 교만한 모습.

뺨을 때리고 침을 뱉고 피가 범벅이 된 주님의 얼굴에

발길로 차고 돌을 던지고

그래도 참으시고 걸어가시는 그 모습.

왜?

우리는 고난을 당할 때 십자가를 지고 말없이 걸어갈 수가 있는가.

그렇게 말없이 참고 자기 십자가를 지고 갈 수가 있는가.

우리는 정말 얼마나 자신을 죽일 수가 있는가.

불의, 추악, 탐욕, 악한 감정, 화내고 성질, 살인, 분쟁, 사기,

우매한 자, 배신, 무정한 자, 무자비한 자, 비방, 미워하는 자, 부모 거역

진정한 십자가의 진리는 죽으면 산다는 것입니다.

죽으면 부활합니다, 새로운 생명으로.

가롯 유다 은 30냥으로 예수를 팔았습니다.

돈 욕심이 예수를 팔고 죽게 했습니다.

돈 욕심은 지금도 예수를 팔고 죽입니다.

아간의 욕심 - 아이성 전투 실패

아나니아와 삽비라

인간이 그 어떤 상황이라도 십자가만 붙잡고 예수님만 의지한다면
그곳이 죽음의 문턱이더라도 살아납니다.
구약에서 모세의 놋뱀이 이 시대 십자가입니다.
당시 이스라엘 사람들은 놋뱀을 간절히 바라보았습니다.

그저, 적당히 건성으로 바라본 것이 아니라
그들의 눈망울에 살려고 하는 의지와 소망이
얼마나 간절했는지 모릅니다.
눈은 마음의 창입니다.
그들의 눈 속에 소망함과 간절함이 가득 들어 있었습니다.

해마다 부활절을 맞는 한국의 기독교인들은
진정 간절한 마음으로 십자가를 바라보고 있는가.
정말 간절함과 우러나오는 소망의 간절함이 있는가.
여기 생명을 살리는 선한 빛 생명의 빛에서
간절한 눈빛으로 십자가를 바라보십시오.
이 성전에서 살아계심을 보여주실 것입니다.

십자가의 무게와 아픔

마 27:27-31

예수님께서 십자가를 지고 가신 골고다 언덕
예수님의 십자가 그 무게가 얼마나 무거운지
무게를 생각해 보셨습니까.
그 무게, 육적인 무게를 말하는 것이 아닙니다.
물론 육신적으로 많은 고통을 당하셨습니다.
이 얼마나 많은 무거운 짐이였는가.
얼마나 무거웠으면 한 발 한 발 떼기가 지옥 같다는 말이 나왔겠습니까.

십자가를 지고 가는 자에겐 한 걸음 한 걸음 떼는 것도
대단한 결심입니다.
그 한 걸음 한 걸음에 얼마나 많은 고통이 있는 줄 알고 있습니까?
얼마나 많은 고통이 따르는지 아시겠습니까?
이루 다 말할 수 없는 그 한 걸음이 모여서 생명의 길이 된 것입니다.

그 무겁고 힘든 한 걸음,

괴로워 고통스러워 신음하는 소리,

그리고 앞으로 한 걸음씩 나아가겠다는 의지

또한 십자가를 져야한다는 사명,

그리고 꼭 지고 가겠다는 약속,

또한 우리를 사랑하시는 지극한 마음,

이렇게 온 인류의 죄를 지고 가는 것인데

이 얼마나 무거웠겠습니까.

온 인류에 대한 죄의 짐.

그 어마어마한 무게를 여러분은 아시겠습니까.

죄 짐 맡은 우리 예수님.

여러분,

그 죄 짐에 대해서 한 번 생각해 보십시오.

온 인류의 죄에 대해서 말입니다.

여러분,

십자가의 사랑을 항상 생각하시며 사십시오.

십자가의 사랑은 절대로 과거형이 아닙니다.

현재입니다.

현재 사랑 해주고 사랑 받는 것입니다.

그런데도 어찌된 일인지 예수님을 오래 믿은 자일수록

그 사랑을 과거형으로 돌리고 있습니다.

예수님의 십자가 그 사랑

나를 위해 피 흘려 못 박히심이

점점 아득한 먼 옛날이야기로 가는 것입니다.

예수를 믿었으면 끝까지 믿고 따르셔야합니다.

믿기만 하고 따르지 않는다면 그것은 십자가의 삶이 아닙니다.

십자가의 삶

주님의 인격과 생애와 그분의 가르침에는
사람의 마음을 사로잡는 힘이 있습니다.
그 가운데 가장 큰 힘은 바로 주님의 십자가 죽음입니다.
십자가에 못 박힌 삶은
그리스도 예수를 따르기 위해 절대적으로 헌신하는 삶입니다.

예수님을 더욱 닮고
그분처럼 생각하고 그분처럼 행동하고
그분처럼 사랑하기 위해 모든 것을 바치는 삶이
십자가의 삶입니다.
그러므로 영적으로 완전함으로 가는 모든 것은
예수 그리스도와 깊은 관계가 있습니다.
히 12:2 말씀에

"믿음의 주요 또 온전하게 하시는 이인 예수를 바라보자
그는 그 앞에 있는 기쁨을 위하여 십자가를 참으사

부끄러움을 개의치 아니하시더니

하나님 보좌 우편에 앉으셨느니라"

십자가는 하나님 앞에 가는 하나의 과정입니다.

십자가는 하나님을 바라보며 패스해야 하는 것입니다.

여러분에게 지금 어떤 문제가 있을 때 그 너머의 것을 보십시오.

이 말이 무슨 뜻이냐면,

우리의 시야를 뛰어넘고 우리의 작은 틀을 깨고

그 너머를 바라보라는 것입니다.

그렇게 할 때 그 너머의 것이 주는 힘으로 인해

그 난관을 이겨낼 수 있기 때문입니다.

그런데 우리는 자신 앞에 있는 장애물,

그것을 통해 우리에게 알려주고 싶은 하나님의 뜻까지도

다 치워달라고 합니다.

그저 평탄한 꽃길만 가고 싶어 한다 이 말입니다.

하나님께서 여러분에게 이런 말씀을 주셨습니다.

"예수도 요구하지 않은 것을 내게 요구하지 마라

예수는 굳이 자기가 걷지 않아도 될 길을 걸은 자이노라.
너희를 위하는 그 한 마음으로."

예수님의 기쁨은,
오직 그것은 하나님을 향한 것과
우리를 사랑하시는 마음뿐이었습니다.
하나님 보좌우편에 앉아 하나님과 함께할 것이
하나님을 향한 기쁨이었고
또 우리를 향한 것은 주님이 하나님의 모든 뜻을 이루었을 때
우리가 누리게 될 하늘의 세계가
바로 예수님의 기쁨 되었던 것입니다.

그러니까 이렇게 큰 뜻을 품고 가는 자에게
어떤 것이 방해가 되겠습니까.
하나님을 사랑하는 그 마음이 뜨겁게 살아있다면
모든 환경, 조건, 상황들을 다 이기게 될 것입니다.
우리가 진정 하나님과 함께한다는 기쁨과 즐거움을 아신다면
세상에 그 어떤 것도 다 이겨내고 참아낼 수가 있습니다.
소망과 기쁨이 우리를 승리하게 해 주십니다.

그러나 내 자아가 살아남아 그 속에서의 기쁨과
우리의 소망을 통해 만족을 얻으려 할 때는
참는 것이 잘 안되고 참아도 참아지지를 않습니다.
이 시대 많은 기독교인들이 착각하고 있는 것은
하나님을 믿으면 그때부터 즉각 평탄한 꽃길의 삶을 산다는 것은
잘못된 생각이고
이 착각 속에서 헤어나지 못하는 이상
그 사람의 삶은 예수님과 함께하는 삶이 아닙니다.
예수를 안다고 하나 아는 것도 아니고
그렇다고 모르는 것도 아니고 죽지도, 살지도 않는
아주 애매모호한 삶이 되는 것입니다.

예수를 믿기 때문에 참아야 하는 일이 얼마나 많은지 모릅니다.
십자가의 삶을 살 때
그것은 언제나 하나님의 공의의 기준 아래서
참았음을 뜻하는 것입니다.
앞으로 여러분이 참는다 하는 기준을 분명히 알기 위해서라도
이제는 더 깊이 알아야 하는 것입니다.
그래야 여러분이 하는 행위로 온전해지기 때문입니다.

7부

서원, 축복, 성령

서 원

서원은 생명을 잉태하는 것

보혜사 성령님

아브라함의 복이 임하니라

서원

서원은 하나님 안으로 들어오는 문이며 안내자입니다.
하루 24시간 중에 얼마나 하나님을 의식하며 사는가.
우리가 죄 가운데 있다 예수님을 만나면
하루 24시간, 자기 삶을 어떻게 드리겠다는 고백이 나옵니다.

생각해 보십시오.
죄 가운데 있다가 예수님을 만난 자가 어찌 무덤덤할 수가 있겠습니까.
'주님, 원하시는 대로 가겠습니다'라고 많이들 고백합니다.
성령 받으면 이 고백들을 많이 합니다.

그런데 말입니다, 그 고백한대로 살고 있습니까.
고백하고서는 뒤돌아 선 자는 없습니까.
진정 성령 받고 뜨거워서 고백하고서는
어디에 홀려서 고백한 것인 냥 뒤돌아 선 자는 없습니까.

주 안에 있을 때는 그 고백이 얼마나 귀한지 모릅니다.

그런데 성령을 떠나면 뭔가 홀려서 고백한 것인 냥
그 고백은, 서원은 온데간데없고
이제 삶의 주인이 자신이 되어 있습니다.
그토록 삶의 주인 자리를 내어드리겠다고
자기 입으로 확실하게 고백해 놓고서는
자신이 그 자리를 떠나지 못하고 오히려 더 꽉 끌어안습니다.

서원은 자기 삶의 주인 자리를 정확히 주님께 내어드리는 것,
그 어떤 서원이든 그 자리를 하나님께 맡기는 것입니다.
또 그 서원은 울타리 역할도 하는 것입니다.
자기 입으로 내뱉은 말, 그것도 하나님께 한 말
그 어떤 상황이든 지키게 해 주십니다.
우리가 믿음 생활을 하다보면
시험에 빠지기도 하고 슬럼프에 빠지기도 합니다.
그때 그 빠진 수렁에서 건져내는 역할을 하는 것이 바로 서원입니다.

신앙의 안전장치가 바로 서원입니다.
이것을 지도자들이 악용만 하지 않는다면,
정말 삯군 목자가 악용만 하지 않는다면,

그에 속아 넘어가는 양이 없다면,
나와 하나님과의 약속은 날마다 나와도 부족합니다.

사랑하는 자와 결혼할 때
이혼할 것을 염두에 두는 사람, 없습니다.
사랑하는 자와 연애하고 함께 살면서
헤어지는 것 생각하면서 사는 것은 비겁한 것입니다.
결혼할 때 이혼을 전제로 결혼하는 자는 없습니다.
만약 있다면 그것은 진짜 사랑이 아니고 비겁한 것입니다.

죽을 때까지 함께 사는 것,
검은 머리가 파 뿌리 될 때까지 사는 것,
그런 각오로 임하는 것이 바로 결혼입니다.
우리가 하나님 앞에 서원한 것도 이와 똑같습니다.
결혼은 무슨 일이 있어도 한 몸 된 부부가 절대 찢어지지 아니하며
헤어지지 아니하는 각오와 노력이 필요한 것입니다.

결혼처럼 서원도 한 몸 된 부부가 사랑하기에
그 사랑하는 자에게 하는 약속입니다.

그런데 지키지 못할까봐서 염두에 두고 고백을 안 하는 것은 아닙니다.

사랑에는 계산이 없어야 합니다.

무엇을 그리 재고 따지는가.

그냥 순수하게 진실하게 고백하라.

그 자체로 그냥 가는 것입니다.

바로 이 자세라면

우리는 날마다 하나님께 고백과 서원이 나와야 합니다.

하나님께 서원하고 사랑 고백하는 것이 그리 어렵단 말인가.

그러나 서원을 하고 고백을 하고도 지키지 않는 것은

하나님께 등을 돌리는 것입니다.

부부가 결혼했다가 약속을 깨고 이혼하는 것처럼 말입니다.

서원을 했다가 지키지 않는 것은

하나님과의 관계가 깨지는 것과 같습니다.

이혼, 찢어지는 것입니다.

그런데 우리가 명심할 것이 있습니다.

서원의 종류도 무수히 많고 사람마다 천차만별입니다.

서원에서 크고 작은 것이나 귀하고 귀하지 않은 것이 없습니다.

그러나 큰 틀로 말하면,

우리 인간의 입장에서 모두 서원이 아니라

하나님께 바쳐진 하나님께 올라와 있는 서원을 말합니다.

사람이 삯군 목자에게 한 서원,

하나님이 원하시지 않는 서원까지 지킬 필요는 없습니다.

서원은 먼저 하나님이 원하시는 서원을 하여야 합니다.

하나님이 원하시는 것이 아닌지 구별하는 영의 눈을 가져야 합니다.

진짜 하나님에게 한 서원인지 그 서원의 중심을 알아야 합니다.

사람들의 이목과 안목 때문에 한 것인지

하나님과 일대일로 진실로 하나님이 받으시는 서원이라면

그 서원은 반드시 지켜야 합니다.

그러나 치장이 있고, 장식이 있고,

형식에 둘러싼 형식은 원하시지 않습니다.

받지도 않으십니다.

반드시 지켜야 하는 서원을 지키지 않을 때,

그 서원을 외면하고 지키지 않을 시에는

하나님과 관계도 끊어진다는 사실입니다.

서원은 생명을 잉태하는 것

여러분이 십자가 앞에 나와서 하늘의 직언을 듣는 것은
다시 말씀드려서 하늘의 음성을 듣는 것은
하나님에게서 직접 가르침을 받는 것입니다.
하나님께 직접 배우는 것입니다.
그렇다면 이제는 우리 모두가 한 가지만 하는 것 말고
모든 것을 다하는 멀티 플레이어가 되십시오.

진정 예수님을 사랑하십니까?
다시 한번 묻습니다.
예수님을 사랑하십니까?
그렇다면 인어공주가 사랑을 위해서 자신의 목소리를 포기한 것처럼
하나님의 능력, 하나님의 나라를 위해 자신의 목소리를 포기하십시오.
하나님 앞에 자신의 목소리가 없다는 것은
자신의 주권이 없음을 말하는 것입니다.
예수님을 사랑하기 때문에 목소리를 포기하셨습니까?

이렇게 서원을 하셨다면 서원을 끝까지 지키십시오.

서원을 한다는 것은 바로 새로운 생명을 잉태하는 것과 다름없습니다.

그럼에도 서원한 것을 취소한다는 것은

생명의 불을 꺼뜨리는 일이며 생명을 죽이는,

살인하는 것과 같은 일입니다.

이것은 하나님을 알고 예수님을 믿고 있으면서

성령님이 원치 않으시는 살인죄를 저지르는 것입니다.

명심하십시오.

보혜사 성령님

예수님이 우리를 얼마나 사랑하셨으면
떠나실 때 보혜사 성령을 하나님 아버지께 구하셨겠습니까?
우리를 위해 십자가의 죽음도 마다하지 않으시고
우리를 위해 보혜사 성령님을 구하였습니다.

우리를 이 세상에 홀로 내버려두지 않기 위해
우리를 바라보시는 예수님의 애틋한 눈빛을 보십시오.
우리를 두고 가야만 하는 그 상황에서
또한 십자가의 죽음 앞에서도
예수님은 오직 우리들 생각 뿐이셨다고 하십니다.

우리를 고아와 같이 버려둘 수 없고
우리를 어느 한 순간도 홀로 두는 일은
예수님에게는 용납되지 않았습니다.
그래서 예수님께서 우리를 위해 보혜사 성령님을 구하신 것입니다.
그런데 오늘날 우리는 예수님이 구하신 보혜사 성령님을

지금 어찌 대하고 있는가.

예수님이 구한 귀한 선물을 나 몰라라 하는 자,
알지만 함께하기엔 자기 삶이 피곤해질까봐 외면하는 자,
또 머리로, 지식으로는 알지만 투명인간 취급하듯 대하고 있는 자,
그렇다면 여러분은 보혜사 성령님을 어찌 대하고 있습니까.
지금 내 곁에, 내 안에 계신 성령님을 의식하는가.
아니 오히려 외면하고 있지 않은가.
오늘날은 성령님이 우리 안에 있어 모든 것을 가르치실 거라고
성경은 말하고 있습니다.

"보혜사 곧 아버지께서 내 이름으로 보내실 성령 그가 너희에게
모든 것을 가르치고 내가 너희에게 말한 모든 것을 생각나게 하리라"

(요 14:26)

이 말씀은 실제입니다.
우리는 지금 성령님이 모든 것을 가르쳐주고 말해주도록
우리는 준비되어 있는가입니다.

이론에서만 끝나는 성경공부가 아니라
실제이고 현실의 삶입니다.
선한 빛 생명의 빛 교회에 와 보십시오.
이곳은 성령님이 내주해 계셔서
목사와 사모를 통해 많은 것을 가르쳐주지 않느냐고 하십니다.
그래서 어떤 이들은 신기하다고 하고,
어떤 이들은 그런 일이 어디 있냐고들 한답니다.

누구든 이곳에 와서 말씀을 듣고 순종하면,
그래서 성령님과 함께하면 똑같은 일이 일어납니다.
그런데 우리가 분명히 알아야 할 것이 하나 있는데
그것은 바로 믿음 위에 사랑하고 사모하는 것입니다.
여러분 같으면 여러분을 좋아하지도 않는 집주인 집에
같이 살 수가 있겠습니까.

눈치 주고 눈총 주고 상처 주면 나가겠지요.
마찬가지로 우리가 성령님을 사모하고 사랑해야 합니다.
어느 한순간도 무시하거나 박해하는 일이 없도록 해야 합니다.
우리가 이같이 성령님을 사모하고 오시옵소서 하면서 편히 해드려야 성령님이 우리와 함께 영원히 함께하십니다.

예수님이 우리에게 주신 선물은 보혜사 성령님이십니다.
여기 목자는 그 선물을 너무 귀히 여기며
편하게 대접하고 있다고 하십니다.
그렇기에 이곳에서 놀라운 기적이 일어난다고 하십니다.

이제 여러분 모두도 이 선물을 귀히 여기시고
편하게 대접해 드리십시오.
그리고 성령님의 말씀에 귀를 기울이십시오.
우리에게 주시는 그 말씀에 귀를 기울이십시오.

아브라함의 복이 임하나리라

아브라함이 자다가 새벽에 하나님의 부르심을 받았습니다.
저 높은 하늘의 셀 수 없이 많은 뭇별을 보고 나서
그때 아브라함의 마음이 어떠했을까요.

"그를 이끌고 밖으로 나가 이르시되 하늘을 우러러 뭇별을 셀 수 있나
보라 또 그에게 이르시되 네 자손이 이와 같으리라"
(창 15:5)

보이지 않고 믿을 수 없는 까마득한 약속이었을 것입니다.
그때 아브라함 그가 새벽하늘의 수많은 별들을 보고서
무슨 생각을 하였을까.
그렇게 새벽녘 수많은 별들을 바라보며
처량 맞게 하나님 한 분만 믿고 의지하는 아브라함의 그 마음,
그 마음을 우리는 닮아야 할 것입니다.

바랄 수 없는 중에 바라보는 아브라함은

그렇게 수많은 별들을 본 다음

그 이후로는 그 수많은 별들을 마음에 품은 자입니다.

아브라함은 하나님과의 약속을 품은 자이고

그렇게 수많은 민족을 품은 자가 바로 아브라함입니다.

하나님이 보여주시는 모든 것을 품은 자가 아브라함입니다.

보여주는 것, 그 어느 것 하나도 빼지 않고

전부를 품은 자가 아브라함입니다.

여러분,

하나님이 보여주신 것, 들려주신 것을 온전히 마음에 품으십시오.

어차피 아무것도 없이 본토 고향을 떠나온 아브라함입니다.

하지만 아브라함은 보이지 않는 곳에 있는 별을 품은 자입니다.

여러분도 보이지 않는 별을 품어 보십시오.

보이는 것, 만져지는 것을 세상에서 가지려 하지 말고

보이지 않는 것 그러나 하나님이 보여주시는 것을

그 영혼에 품는 자가 되십시오.

세상에 다른 모든 것은 다 없어도 좋습니다.

그러나 하나님이 들려주시는 것, 보여주시는 것을 온전히 품으십시오.

세상의 것은 다 가질 수 없으나

보이지 않는 하늘의 것은 마음에 꼭 품을 수 있습니다.

이렇게 마음에 많은 것을 품은 자는 조급하지 않습니다.

마음에 많은 것을 품은 자는

없는 것 같으나 있는 자인 것입니다.

하나님은 우리가 아브라함처럼 하늘의 것을 많이 지닌 자가 되어서

여유 있는 사람이 되길 바라십니다.

없는 것 같으나 있는 자가 되기를 바라십니다.

진정 없는 것 같으나 마음이 넉넉한 자가 되었으면 합니다.

우리에게도 눈을 들어 수많은 하늘의 별을 보라고 하십니다.

그리고 그 본 것을 우리가 잃지 말고 가슴에 품고 가지면

가난한 자 같으나 부유할 것이고

근심하는 자 같으나

그 속에서 기뻐하는 자녀가 될 것이라고 말씀하셨습니다.

십자가.

천한 나무이지만 그것을 가슴에 품은 자는

그 가슴 속에서 수많은 별들로

반짝반짝 빛이 날 것이라고 말씀하셨습니다.

그러시면서 밤하늘에 쏟아지는 저 별들을

저 아름다운 보석의 찬란한 빛깔들을 보라고 하십니다.

얼마나 아름다운가.

그러나 이 모든 것은 우리의 한 영혼보다도 아름답지 않다고 하십니다.

가장 아름다운 것은 우리의 영혼이라고 말씀하십니다.

별보다 더 아름다운 것이 우리의 영혼이라고 하십니다.

우주보다 더 귀한 것이 우리의 한 생명 한 생명, 한 영혼이라 하시면서

그 빛나는 보석들이 우리 마음속에서 마음껏 뛰놀게 하라고 하십니다.

저 찬란히 빛나는 별로 네 마음속에 있기를 원하노라.

세상이 줄 수 없는 기쁨이 네 속에 있기를 바라노라.

8부

신앙생활

누가 지혜로운 사람인가

네 보물 있는 곳에 네 마음도 있느니라

101번 넘어져도 102번째 일어나는 사도 바울

지구 동산에 피어오른 아름다운 꽃들

게으른 자

주 앞에서 깨끗한 사람이 되라

참된 영적 능력

누가 지혜로운 사람인가

잠 9:10-12

주님의 뜻을 아는 자가 지혜로운 사람입니다.

이런 사람은 자신이 처한 그 어떤 환경 속에서도

무엇을 어떻게 해야 하는지 묻고 따르고 있습니다.

누가 어리석은 사람입니까.

주님의 뜻을 묻지도 않고 구하지도 않고

자신이 하고 싶은 대로 마음대로 사는 사람들이 어리석은 자들입니다.

이들은 자신의 길을 빨리 가고자 하여 스스로 열심히 가고 있습니다.

하나님 보고 오히려 가만히 계시라고 하면서

자기가 빨리 가고 있습니다.

이 얼마나 바쁘겠습니까.

그러나 그것이 진정 바른길이고 빠른 길일까요.

아닙니다.

하나님께 여쭙지 않고 자기 마음대로 하는 것은

꼭 장님이 길을 걷는 것과 같습니다.
그것은 시간을 버리는 것입니다.
참으로 어리석은 짓입니다.
세월을 아끼십시오.

세상은 끝없이 유혹합니다.
주님의 뜻을 구하기보다는 자기 하고 싶은 대로 하라고
계속 유혹하는 악한 시대입니다.
그래서 지금 이 시대는 갈수록 주님을 멀리하고
교회를 멀리하고 말씀을 무시하며
찬양과 기도가 멀어지는 삶을 사는 사람들이 늘어나고 있습니다.
바로 이런 때에 생명을 살리는 선한 빛 생명의 빛 여러분만이라도
본이 돼서 샛길로 빠져버리는 그들을
바른길로 인도하여야 할 것입니다.

분명 사람들이 욕심을 쫓고 쾌락을 좇을 것입니다.
사단이 이렇게 항상 틈을 노리며 하나님의 자녀들을 노략질할 때
여러분은 빛의 자녀로서 어찌하여야 하겠습니까.
여러분, 명심하십시오.

지금 여러분이 살고 있는 1분 1초의 주인공을 주님으로 모셔야 합니다.

그러기 위해 말씀을 사모하는 시간과 기도하는 시간,

찬양하는 시간을 게을리하지 마십시오.

게을리하는 그 순간 틈을 타고

사단은 여지없이 작전을 펼치는 것입니다.

그때 덫에 걸려 옴짝달싹 못하는 처량한 신세가 되지 마십시오.

누가 세월을 아끼며 사는 자인가.

그 사람은 바로 하나님이 원하시는 길로 단 1cm를 가더라도

그것이 세월을 아끼는 것입니다.

하나님은 많은 것을 원하시는 것이 아닙니다.

그 사람의 중심이 오로지 주님께 올바로 꽂혀 있는가.

하나님 아버지는 바로 그것을 보십니다.

그 중심이 맞지 않으면

깨져서 새어버리는 바가지와 같습니다.

세상 속에서 열심히 바쁘게 사는 것이 세월을 아끼는 것이 아니라

하나님이 원하시는 것을 실행하고 사는 사람이

세월을 아끼는 것이고 앞서가는 것입니다.

지금은 세상이 너무 악해서,

하나님 없이 자기들만 바빠서

하나님이 말을 걸어보려고 해도 걸 수가 없다고 하셨습니다.

하나님 아버지께서 아무리 불러도 관심이 없으니

음성이 들리지 않는다고 하셨습니다.

자신이 계획한 성을 쌓기 위해 하나님이 방해가 된다면

하나님까지 밀쳐내고 자신의 것을 쌓는 악한 시대입니다.

생각해 보십시오.

세상이 악하고 하나님의 자녀라는 자들이 얼마나 악합니까.

그러나 이 황무지 같은 세상에서도 꽃을 피우는 자녀들이 있습니다.

그들은 어느 곳에 있든지 반짝반짝 빛이 날 것입니다.

그들은 차곡차곡 기도가 쌓여있고

예배 시간, 철야하는 시간이 쌓여 있는 사람들입니다.

이 황무지 같은 시대에 여러분이 꽃이 되십시오.

그래서 하나님을 기쁘게 하는 자녀들이 되십시오.

하나님의 뜻대로 순종하여 실행된 하루하루가

차곡차곡 쌓여서 꽃이 되는 것입니다.

하나님의 뜻을 알고 그대로 행하는 자,

그런 자들이 퍼즐처럼 모여 완벽한 그림을 이룰 때

얼마나 기뻐하시겠습니까.

여러분,

하나님의 뜻을 아는 것, 발견하는 것만으로도 감사인 것입니다.

어두운 귀에 들리지 않는데도

하나님의 뜻을 알고 발견했다는 것만으로도

감사가 넘쳐야 합니다.

감사를 감사로 볼 줄 아는 지혜로운 자녀가 되어서

그 열매를 아름답게 꽃피우십시오.

네 보물 있는 곳에
네 마음도 있느니라

하나님보다 하나님이 주신 선물에 눈독을 드리는 시대.

은사는 하나님이 주신 선물입니다.

은사를 받은 사람,

감정적으로 흥분하고 도취한다.

그래서 거룩한 목적을 놓치고 곁길로 샐 때가 있습니다.

하나님이 주신 선물에 흥분한 나머지

정말 중요한 것을 놓치고 마는 것입니다.

하나님은 그분 자체에 더 흥분하기를 원하십니다.

사람들이 하나님을 만나고 나면 엉뚱한 것에 시선이 머무는 것입니다.

영적 선물을 원합니다.

그것이 바로 하나님이 주시는 은사지요.

지금 제가 말씀드리려는 것은

은사의 참된 가치나 그 목적을 훼손하려고 하는 것이 아닙니다.

하나님이 우리에게 예언의 은사, 지식의 은사, 말씀 치유의 은사 등
소중한 것을 우리에게 주심은
그것을 사용해서 인간들이 좋아하는 것을 해서
사람들을 감동시키고 그 능력을 행사하라는 뜻이 아닙니다.

은사를 주신 것은
그가 참된 신앙인으로서
그리스도의 몸을 준비시켜 세우라는 뜻입니다.
그래서 주신 것입니다.
지금 많은 은사 받은 사람들,
무엇을 하고 있습니까.
아버지, 저에게 다가오셔서 복 주옵소서.

이 세상 모든 은사자 들이여,
지금 그대들은 교회의 십자가 앞에, 제단 앞에 무릎 꿇었는가.
교회 제단의 목적은 한 가지입니다.
제단 앞에 붙들려온 어린 양에게 물어보십시오.
십자가 앞의 어린 양에게 물어보십시오.

101번 넘어져도 102번째 일어나는 사도 바울

사도 바울이 나는 날마다 죽노라

산 소망까지 끊어지고 또 사형 선고를 받은 줄 생각했다는 것이

그냥 맨입으로 한 외침이었는가.

여러분은 사도 바울의 이 외침에 무엇을 생각하십니까.

바울이 사람 냄새를 버리려고, 인성을 버리려고

얼마나 몸부림치고 노력했는지를 보여주는

기막히고 처절한 모습입니다.

부단히 버리고 또 버리려 할수록 딱 달라 붙는 게

사람의 인성이라는 것을

바울은 깨달았습니다.

껌처럼 찰싹 달라붙는 인성을 끊어버리기 위해

그는 날마다 죽노라고 고백을 하였던 것입니다.

바울은 그 목적과 방향이 뚜렷했습니다.

예수를 위한 방향.

예수를 위한 것이라면 자신의 몸을 내어드려 만신창이가 될지라도
그 기쁨으로 살겠다는 투철한 마음뿐이었습니다.

주님께서 이렇게 말씀하셨습니다.
바울이 얼마나 넘어지고 또 넘어진 줄 아느냐.
그는 101번 넘어져도 102번째 일어나는 사람이었다.
바울의 고백은 때가 가까워질수록 더해갔다.
그렇다면 이 시대 너희들의 고백도
하루하루가 지날수록 더해져야 하리라.
너희의 때가 가까워질수록 더해져야 하리라.
바울과 같은 고백이 여기저기서 나와야 하지 않겠는가.

여러분,
은혜받은 것에, 은혜의 크고 작은 것에 포커스를 두지 마십시오.
하늘에서는 그것이 중요하지 않고
그 돌덩이가 얼마나 깨졌는가,
날마다 얼마나 죽었는가,
하늘은 그것을 봅니다.
하늘에서는 은혜를 적게 받았다, 많이 받았다를 중요시하지 않습니다.

그 사람이 이 땅에 있을 때

얼마나 깨지고 낮아지고 죽었는가를 보는 것입니다.

하늘은 받는 것보다 주는 것에 더 욕심을 내는 곳입니다.

이 땅에 있는 동안 타인의 유익을 위해서, 전 세계를 위해서

얼마나 버리고 낮아졌는가,

그런 것을 좋아하고 부러워하는 곳입니다.

절대로 받은 것을 부러워하지 않고

주는 것을 부러워하는 곳이 하늘입니다.

지구 동산에 피어오른
아름다운 꽃들

하나님이 천지를 창조하시고 인간을 만드신 것은

하나님이 우리와 함께 아름다운 세상을 이루기 위함이었습니다.

그래서 우리는 모두 하나님의 피조물로써

그분이 정하신 법과 규칙을 따라 살아갈 때

최고로 아름답게 살 수가 있습니다.

그러나 우리 인간은 에덴에서의 범죄한 이후

그 죄성 때문에 하나님이 지으심의 뜻을 깨닫지 못하고

계속 말씀을 거부하고 있습니다.

보십시오.

지금 온 세상이 다 하나님이 지으신 피조물입니다.

피조물이 하나님의 축복 없이

존재할 수 있는 것이 있다고 생각하십니까.

하나님은 온 세상이 서로 조화를 이루어

아름다운 모습으로 어우러진 화목한 모습을 만들기 위해
공의로운 심판자로 우뚝 솟아 거하고 계시는 것입니다.
그래서 우리가 하나님의 말씀대로만 산다면
창조주로 인한 찬란한 빛이 우리의 삶 속에 깔릴 것입니다.

하나님은 우리 피조물을 마음대로 하실 수가 있습니다.
그러나 그렇게 획일적으로 마음대로 하지 않는 것은
세상 모든 만물이 서로 협력하여 선을 이루는 것이
보기에 너무 아름답기에
보기 좋고 듣기 좋음으로 그리 하시는 것입니다.

하나님이 말씀하셨습니다.
들에 핀 꽃들을 보아라.
온 천지의 산천초목에 들에서 뛰놀며
아름다운 하늘 아래에 거하는 공중의 새를 보아라,
어느 하나 평온함 없이 들쑥날쑥하며 거하고 있는지를.
나의 지배를 받으며 감사와 찬양으로 나와 함께 하는 것이
세상 어느 것보다 보기 좋지 않으냐.
나를 아버지라 부르는 지구의 동산에 피어오른 아름다운 꽃들이여,

너희들의 그 감사와 찬양 속에

나 여호와가 언제나 하늘 향기가 담뿍 담긴 은혜의 선물을 내려주어

네 영혼에 화평과 평안이 넘치게 하리니

그 은혜, 그 약속의 선물들로

너희는 언제나 나의 품에서 즐거움 가득한 삶을 살아라.

게으른 자

마 25:26

게으른 자는 말이 많고 변명이 많은 사람입니다.
한 달란트 받은 종에게 주님이 하신 말씀,

"악하고 게으른 종아, 나는 심지도 않은 데서 거두고 헤치지 않은 곳에서
모으는 줄로 네가 알았느냐"

여러분,
게으르다는 것이 무엇인지 좀 더 깊이 파고 들어가 볼까요.
게으르다는 것은 하나님 말씀을 듣는 통로를 닦지 않는 것이고
하나님을 알기에 게을리 하는 것이고
하나님께 나올 수 있는 길을 더디 오는 것입니다.
이것이 바로 게으른 것입니다.
예를 들어서 말씀드리겠습니다.

내가 어떤 악기를 하나 연주한다고 봅시다.

그것이 관현악기이든 금관악기든 목관악기든

악기는 반드시 관리를 잘해주어야 합니다.

그런데 우리가 매일 쓰는 통로를

즉, 늘 말씀 듣는 통로를 닦지 않는다면

어찌 되겠습니까.

여러 사람이 마시는 정수기를 닦지 않는 것

또 왕이나 대통령이 마시는 정수기 파이프 관리를

안 한 것과 같은 것입니다.

이럴 때 그 안에 있는 본 물이 아무리 깨끗한들 무엇한단 말입니까.

그 통로인 파이프가 청소가 안 되어 있으면

본 물이 아무리 깨끗하고 맑아도 더럽혀지지 않겠습니까?

그래서 어떤 이는 이 게으름을 원죄로 보는 사람도 있습니다.

그러니까 게으름이 보통 죄악이 아니라는 것입니다.

그냥 게으름이라는 단어로 보면 이해가 잘 안 되지만

하나님을 알기에, 아는 대로 게을리 하는 게으름이

얼마나 무서운 범죄입니까.

원래 하나님께서 창조한 인간이

하나님 뜻대로 가고자 하는 방향을 막는 것이 게으름입니다.
하나님은 A로 가라고 하는데 B가 자꾸 나를 끌어내리는 것입니다.
하나님이 본래 창조한 본연이 뜻으로 가려고 하나
귀찮다는 이유로, 몸과 생각이 움직여주지 않는다는 핑계로
꼼짝 안 하는 것입니다.
바로 생각이 움직이지 않는 것이 큰 게으름입니다.

그 사람의 생각이 하나님 쪽으로 움직여야 하는데
그것을 실천하지 않는 것이 게으름입니다.
비단 늦잠만을 말하는 것이 아닙니다.
게으르다는 것은 느리다라는 것과 다른 것입니다.
게으르다는 것은 아예 할 마음 자체가 없는 것입니다.
할 마음과 의지가 확실한 사람이 천천히 하는 것은
나무라는 것이 아닙니다.

생각의 게으름에는 아예 하려고, 하고자 하는 의지가 없는 것입니다.
안 보입니다.
게으름은 그래서 마음이 없는,
마음이 비어있는 상태에서 오는 것입니다.

열심히 할 마음,

앞으로 다가갈 마음 자체가 없는 것입니다.

뿌리가 없는 것입니다.

뿌리가 없으면 바람에 나는 겨와 같습니다.

어서 힘써 주님의 손을 꽉 잡으십시오.

주 앞에서 깨끗한 사람이 되라

사람 앞에서도, 하나님 앞에서도 진실한 사람이 되십시오.
그러기 위해서 주님 안에서 깨끗하고 정결하여야 합니다.
깨끗하고 정결한 것은 바로 주 앞에서 진실한 것을 말합니다.
주신 말씀 앞에 그 어떤 것이라도 순종하는 자,
그가 깨끗하고 정결하고 진실한 자입니다.

이렇게 주님 앞에 투명하게 서 있을 때
자기의 그 작은 실수가 얼마나 큰 죄로 번지며
그 큰 죄가 얼마나 큰 죄인지 자세히 들여다볼 수 있습니다.
그렇게 끔찍한 죄를 짓고도 회개를 할 때 그저 적당히,
드라이하게 잘못했습니다.
이렇게 하는 것은 더 더러워지는 것입니다.

왜냐면 지금 자기의 더러운 죄의 때가 얼마나 심각한지 몰라서
그 더러운 때로 인해 자기도 죽고 다른 사람까지 오염시켜
죽게 만들기 때문입니다.

진정 자기가 지은 죄 얼마나 무섭고 큰 죄인지를 안다면

그리고 그 큰 죄를 하나님 앞에 내놓고

일일이 조목조목 고백하며 용서를 빌 때

그의 두 눈에서 뜨거운 눈물을 흘리지 않을 수가 없고

온몸에 격정의 파도가 일어나게 됩니다.

하나님 아버지를, 하나님 아버지의 말씀을

절대로 경홀히 하지 마십시오.

인간이 감히 상상도 못 할 일입니다.

우리는 몸에 더러운 때가 있을 때

목욕탕이나 사우나에 가서 깨끗이 씻어냅니다.

본인이 잘 못 씻을 때 때밀이에게 돈까지 줘 가면서 시킵니다.

그렇게 해서 깨끗이 씻고 나면 얼마나 상쾌한지 모릅니다.

지금 우리의 영과 육도 마찬가지입니다

말씀으로, 성령으로 하늘의 때밀이 유 목사가

박박 깨끗이 씻어내어 정결하게 되었을 때

그렇게 상쾌할 수가 없습니다.

뜨거운 물로 그 더러운 때가 깨끗이 벗겨지고

뜨거운 햇빛으로 소독이 되고 이럴 때
얼마나 기분이 좋은지 모릅니다.
이처럼 우리 안에 성령님이 들어오시면
뜨거워서 자체 소독, 자체 발광이 되는 것입니다.

언제나 성령님을 주인님으로 확실히 모시고
그래서 성령님이 나의 욕심과 나의 자아보다도
뒤로 가는 일이 없도록 하십시오.
이것이 얼마나 큰 죄인지도 깨닫는 사람이 되어야 합니다.
진실로 성령님이 그 사람에게 임재하면
모든 인생의 순서가 달라지는 것입니다.

우리가 하나님의 음성을 듣는 것,
절대로 자기 유익대로 듣는 것이 아닙니다.
하나님이 유익한 쪽이어야 합니다.
이 시대 하늘의 음성을 듣는 자들이 깊이 깨달아야 할 것입니다.
하늘의 음성을 듣는다는 것은
자신이 듣고 싶은 것만 듣는 것이 아니라
자신이 듣고 싶지 않고 행하고 싶지 않아도 듣고 행하는

그래서 순종하는 것,

그것이 듣고 행하는 것입니다.

어찌 하늘의 음성을 듣고도 순종하지 않고

귀를 막고 제멋대로 행동한다면

이처럼 큰 죄악이 또 어디 있겠습니까.

또한 하나님의 음성은 그 어떤 것도 가미된 것이 아니라

하나님이 주신 그대로입니다.

주신 그대로가 바로 하나님의 음성입니다.

참된 영적 능력

주만 바라보라.
예수님이 길이요 진리요 생명이십니다.
그러므로 예수 그리스도의 십자가는
우리에게 혁명적 변화를 요구하십니다.
그렇다면 이제 여러분은 혁명적 변화에 대해서
받아들일 준비가 되어 있는가.
성령 받은 사람들은 세상의 재능으로 일하는 것이 아니라
성령님의 은사로 일하고 있습니다.

성령 받은 사람들은 진실합니다.
진심은 사람에게나 동물에게도 다 통합니다.
하나님을 지식으로 접근한 사람들은
거룩함이나 영원한 영적 위엄이나 영적 가치가 전혀 담겨있지 않고
기술적으로 만들어낸 조잡한 장난감 같은 것들뿐입니다.
이 세상을 흉내 낸 것들뿐입니다.
그들이 만들어낸 그것들은 진정한 하나님의 품질, 사인이 없습니다.

품질 마크가 없습니다.

그것들은 기독교의 진리에 물을 탄 것과 같습니다.
그렇게 될 때 그것이 독이라고 해도 죽일 수도 없고
약이라 해도 고칠 수 없는 아주 묽은 물이 돼서
아무런 유익이 없는 것입니다.
우리 믿는 사람에게 하나님을 의지하지 않고
얻을 수 있는 보물은 없습니다.
그러나 우리가 진심으로 하나님을 찾고 찾으면
하나님을 만날 수 있습니다.
여러분,
진정으로 참된 영적 능력은,
성경 본문의 문자적 기록에 있지 않고
거기에 영감을 불어넣으신 성령님께 있습니다.
제가 문자적 기록을 과소평가하는 것이 아니라
진리의 기록과 진리의 관계는 꼭 벌집과 벌꿀의 관계와 같습니다.
벌집이 벌꿀을 담는 역할을 하듯이
진리의 기록도 진리를 담는 용기와 같다 이 말입니다.
하나님이 기뻐하시는 교회는

하나님 아버지께서 직접 이끌고 계십니다.

여러분의 생각으로, 의견으로 만들어지는 교회가 아닙니다.

다른 교회를 이미테이션 하지 않습니다.

이미 매뉴얼은 나와 있습니다.

그것은 처음부터 끝까지 순종뿐입니다.

순종도 그냥 순종이 아니라 감사와 감격을 함께 하라고 하셨습니다.

이 말씀이 무슨 뜻인지 아직도 깨닫지 못했다면

그저 아무 일 하지도 말고 예배드리며 순종하며 복이나 받으십시오.

괜히 진리의 길을 가로막는 어리석은 짓은 하지 마십시오.

십자가의 진리를 전하는 자는

그 무엇을 하든 어떤 위치에 서 있든 기쁨과 감사로 하십시오.

날마다 하늘의 직언, 하늘의 생수를 먹는 우리로서는

당연히 자라나는 기쁨, 성장하는 기쁨이 있어야 합니다.

그러기 위해 먼저 내가 십자가 앞에서

사람의 인성을 깨끗이 씻어버리십시오.

십자가 앞에서 죽으십시오.

진리의 길을 가기 위해서 올바른 십자가의 길을,

올바른 가치관을 확립하십시오.

그리고 진인사대천명(盡人事待天命) 모든 것을 다하십시오.

평소에 진리의 조각들을 하나하나 차곡차곡 쌓을 때

실력이 나오고 배짱이 나와 자신감이 주님 안에서 나오게 됩니다.

해마다 성탄절, 부활절을 맞이하면서도

그 입으로 번지르르하게 주님을 말하면서, 좋은 소리 다 하면서

실제의 삶 속에서 예수님이 원하시지 않는 행동을 하는 것은

참으로 통탄할 일입니다.

이제 진리를 가졌으면, 진리를 만났으면

아는 대로 실제 부딪혀 보십시오.

그래서 그 진리의 가치를 확인해 보십시오.

9부

에세이, 블로그

보이는 꽃보다 보이지 않는 뿌리가 중요하다

여름!

가을이 점점 깊어가고 있습니다

지혜롭게 살아라

하늘의 사명자

함께하시는 예수님

보이는 꽃보다
보이지 않는 뿌리가 중요하다

만물이 생동하는 봄.

요즘 밖에 나가보면 온 세상이 꽃 천지입니다.

꽃밭입니다.

사람들이 꽃을 보고 즐기며 겨우내 움츠렸던 가슴을 펴보기도 합니다.

이제 벌써 하루 이틀 꽃이 사라지기 시작합니다.

그런데 그 화려하고 아름다운 꽃들이

1년 가운데 자기를 자랑할 수 있는 기간이,

시간이 얼마나 될까요.

알고 보면 단 며칠뿐입니다.

그 며칠을 위한 근본적인 작업은 어디서부터 이루어집니까.

그것은 바로 뿌리입니다.

진정 뿌리만 튼튼히, 깊게 잘 내려져 있다면

그 나무는 수백 년 아니 수천 년 동안

멋진 꽃들을 자랑할 수 있기 때문에
눈에 보이는 꽃이 중요한 것이 아니라
보이지 않는 뿌리가 중요한 것입니다.
어찌 보면 이것은 신앙에서도 똑같습니다.

우리가 어찌 한순간의 쾌락만을 위해 살 수 있습니까.
그 잠시 잠깐의 기쁨으로
우리들의 삶이 만족스럽다 할 수가 있겠습니까.
우리 눈에 보이는 것은 보이지 않는 것
그것에 의한 수고가 하나하나 과정으로써 나타날 뿐입니다.

여러분의 신앙에도 그 뿌리를 예수님으로 온전히 심고 살아보십시오.
그러면 환경에 따라 또 때에 따라 꽃이 피고 꽃이 지고
또 잎이 되고 열매가 열리듯 때에 따라 상황에 따라
예수님의 꽃이 예수님의 향기가 그 과정 과정에 따라서
활짝 피어나게 될 것입니다.
그 때문에 꽃도, 잎도, 열매도 다 중요합니다.
그러나 이 모든 것이
올바른 뿌리의 성장이 없이는 불가능하다는 것을 기억하셔야 합니다.

여러분,

우리는 이제 보이는 것에 열심히 하기보다는

보이지 않는 것을 위해 충성을 다해 보십시오.

그리하면 그것의 생명력은 수천 년까지 이어지고

벌과 나비와 새들도 다 날아옴으로써

온 자연 만물이 나와 함께 할 것이 아니겠습니까.

여기는 하나님의 직언이 쏟아지는 실제의 현장입니다.

말씀은 단순히 선포 차원에서 그냥 던지고 마는 것이 아니라

실제로 그 말씀대로 책임을 지는 것입니다.

논어에 '언필신 행필과(言必信 行必果)'란 말이 있습니다.

말한 대로 행동하고 책임을 지라는 말입니다.

이것이 비단 이 세상에서만 해당되는 말인가.

아닙니다.

이 시대 수많은 주의 종들이 저와 똑같은 성경 말씀을 선포합니다.

그러나 그들과 저와 차이가 나는 것은,

그들은 자신들이 선포한 말에 책임을 지지 않으나

여기 목자는 책임을 진다는 것입니다.

그것도 바로 하나님의 힘으로 하는 것입니다.

여기 생명을 살리며 하늘의 진리를 전하는 교회가
겉으로 보기에 아무것도 하지 않는 것처럼 보이지만
하나님이 시키신 대로
모든 것을 다 감당하는 교회라고 말씀 주셨습니다.
왜 그런가 하면은,
목자가 자기의 자유의지를 다 포기했기 때문에
하나님이 그 안에 들어오셔서 마음대로 하시기 때문입니다.
하심이 유심입니다.

여러분,
사람이 어떤 일을 할 때
그것을 온전히 책임질 수가 있겠습니까.
그러나 인간이 자유의지를 하나님께 모두 맡겨 보십시오.
시작도, 끝도 하나님이시라고 하면서
이 커다란 전제 속에 완전히 녹아서
하나님께 모든 것을 내어주고 맡긴 자,
그가 바로 생명을 살리는 참 종이라고 하나님이 말씀하셨습니다.

그렇기 때문에 하나님께서 그 목자가 맡긴 것에 대해서

확실한 책임을 져 주시고

그것이 말씀이 되었건 기도가 되었건

조건을 붙이지 않는 것이라고 하셨습니다.

여러분,

우리는 자기가 한 말에 책임을 지는 것이 얼마나 중요한지 모릅니다.

책임지지 않을 말씀들,

그것이 아무리 귀에 듣기 좋고 사람들이 듣는다 하여

결코 좋은 것이 아닙니다.

여러분,

입으로 하나님께 고백하고 기도한 말에 책임을 지셔야 합니다.

여름!

생명이 살아 숨 쉬는 여름.

산천초목을 보십시오. 그 생명이 얼마나 푸릇푸릇합니까.

생명이 가득 넘치는 왕성한 계절이 여름입니다.

매미도 이른 아침부터 시원하게 울어대는데

우리는 자연을 보고 미물이라 하지만

자연이 우릴 볼 땐 미물같이 보인답니다.

수백 년, 수 천 년 오랜 세월을 견디어온 나무가

우리를 볼 때 어떻겠습니까?

자연을 다스리고 지배하는 것처럼 하지만

실상은 자연이 한 번 우르르 꽝꽝하면

두 손 두 발 쓰지 못하는 인간이 미물이 아닌가.

정말 자연 앞에 한없이 작습니다.

우리는 지금 회개하며 영육을 깨끗이 씻고 있습니다.

이렇게 열심히 온 힘을 다해 깨끗이 씻었는데

다시 때를 묻히고 싶은 사람이 없을 것입니다.

오히려 깨끗하고 개운한 기분,

계속할 수만 있다면 오래오래 지속하고 싶을 것입니다.

살이 아플 정도로 깨끗이 씻었는데 다시 더럽힐 수가 있겠습니까.

진정한 회개를 한 자는

다시는 더러운 그쪽으로 가고 싶어 하지 않습니다.

회개는 억지로는 안 됩니다.

뜨거워야 회개가 되고 사랑받고 은혜받아야 회개가 됩니다.

뜨거워야 때가 저절로 나옵니다.

뜨거워야 저절로 옷을 벗지

춥고 마음이 차갑고 냉랭하면 절대 회개하지 않습니다.

뜨거운 물에 불려야 때가 나오는 것처럼

불같은 성령 앞에서만이 죄의 때가 홀라당 벗겨집니다.

이번 회개 기간 자신도 뜨겁고 타인도 뜨겁게 하는 자가 되십시오.

그 사람과 이야기하면 뜨거워서

저절로 회개하고 저절로 기쁘게 되도록 말입니다.

장작이 탈 때는 타는 이유와 목적이 있습니다.

목적 없이 타는 것은 아닙니다.

뜨거워야 한다는 것이 우리의 목적이 아닙니다.

우리가 목적을 향해 갈 때 뜨거워지는 것은

저절로 되는 것입니다.

목적을 향해 계속 갈 때

뜨거운 모양, 기쁜 모양 매일매일 저절로 나오는 것입니다.

선한 빛 생명의 빛 자녀들은 스스로 타는 불이 아니라,

자신이 열심을 내서 타는 불이 아니라

여호와의 불이 돼야 합니다.

컴퓨터에 바이러스가 들어가면 컴퓨터 전체를 꼼짝 못하게 합니다.

그 감염과 속도가 얼마나 빠른지 모릅니다.

우리는 모두가 하나입니다.

한 지체입니다.

우리 중 누구도 바이러스를 지니고 있으면 절대로 안 됩니다.

바이러스를 지니고 있는 순간 우리 모두 감염되는 것입니다.

목자가 컴퓨터라면 성도는 USB입니다.

여러분 중 누군가가 바이러스를 갖고 컴퓨터에 연결하면

그 컴퓨터 본체에 바이러스가 심기워져

컴퓨터와 접하는 나머지 사람도 바이러스에 감염됩니다.

성도가 매일 목자와 함께합니다.

그러니까 바이러스가 발견되면 누구든 상관없이 서로 죽여야 합니다.

작고 별것 아닌 것, 허무맹랑한 것이 뒤통수를 칩니다.

바이러스 그 하나가 컴퓨터의 기능을 마비시킵니다.

잘 돌아가는 톱니바퀴에 작은 것 하나 끼면

안 돌아가는 것처럼 그와 마찬가지입니다.

가을이 점점 깊어가고 있습니다

그렇게 뜨겁게 달아오르던 대지가 식어가고
이제 아침저녁으로 제법 선선하여 찬 이슬이 내립니다.
여기저기 단풍잎이 참 곱습니다.
하늘은 한없이 높고 푸르고
새 떼들이 우르르 날아다니는 소리도 참으로 상쾌하기도 합니다.

유리창을 때리는 빗물이 창을 맑게 씻어주던
여름 장마가 엊그제 같은데
지금은 그 빗물에 씻겨
맑고 투명해진 유리창 너머 파란 하늘을 바라보면서
우리의 영혼도 저렇게 깨끗이 씻겨질 수 없을까
생각을 해 봅니다.
또 가을에 산과 강은
우리의 울적한 마음을 무척 풍성히 해 주는 것 같습니다.
그래서인지 강이 흐르는 가을의 도시는 더욱 아름답습니다.
미라보 다리 아래로 인생을 흘러 보내는 파리의 센 강,

런던의 템스 강, 서울의 한강

서울의 한강은 요즘 그 아름다움이 조명과 함께

눈부시게 찬란한 것 같습니다.

이런 자연의 아름다운 멋들이 음악과 미술 등 예술과 합쳐질 때

이 얼마나 사람의 마음을 황홀하게 하는지 모릅니다.

이때 마음이 즐거우면 샹송도 좋고 우리의 가곡도 좋고

무엇인들 안 어울릴 것이 있겠습니까.

노래를 못하면 허밍으로라도 흥얼거리면 되지요.

가을의 정취를 한 번 즐겨보십시오.

이때는 매우 감상적이어서 마치 안개같이 포근히 감싸주기도 하고

애매한 무아지경으로 몰고 가기도 한답니다.

그래서 가을엔 마음이 허전하고 고독해서 우울한 사람도 참 많습니다.

가을은 이렇게 점점 깊어만 갑니다.

깊어가는 가을 창가에 앉아서 마시는 커피 향은 그야말로 일품입니다.

창 너머를 응시하면서 생각하는 삶과 죽음

그 높고 깊은 사색

여름은 가고 또 세월은 가노라

또 가는 세월이 너무 아쉬워

가로막고 홀로 서 있는 허수아비의 텅 빈 가슴 속에

스쳐 지나가는 그 서러운 마음.

구름이 지나가도 그림자가 질만큼 여리고 투명한 오묘한 마음.

고독은 점점 황홀해집니다.

바로 이럴 때 들려오는 음악 소리는

외로움과 고통 사이로 깊이 파고들어 와

마음의 균열을 찾아 그 틈새로 파고들면서

달콤한 충동을 가하기도 합니다.

때로는 황홀하게

때로는 찌릿하면서도 상처를 파고드는 아픔을 동반하면서

사람을 무기력하게 몰아가고 있습니다.

솔로몬이 아가서에서 인생을 실컷 즐기고 노래하다가

모든 것이 헛되고 헛되도다 한 것처럼

그래서 전도서로 살짝 고개를 넘은 것처럼

우리도 이제 깊은 고독에서 살짝 빠져나와 하나님과 손을 잡읍시다.

이때 하나님과 손을 잡은 자는 삶의 축복을 얻게 될 것입니다.

약으로 녹이 슨 청동거울을 닦아내듯이

하나님과 손잡음으로 고독을 빛낼 수가 있습니다.

이제 그 이성의 눈으로 우리를 사랑하시는 하나님을 바라봅시다.

지혜롭게 살아라

엡 5:15-21

벌써 2022년이 훌쩍 지나가고
2023년이 얼마 남지 않았습니다.
사실 2022년 우리를 통한 하나님의 계획이 있었습니다.
그런데 그것이 이루어졌습니까.
이제 2022년 얼마 남지 않은 시간들을
어떻게 쓰고 보내야 하는지를 하나님께 물어보라고 하십니다.
너무 중요한 시간들이라고 하십니다.

한 해를 마무리하는 시간이고
새 해를 준비하는, 맞이하는 시간입니다.
지혜 있는 자는 언제나, 항상 하나님께 묻습니다.
그 어떤 일이든 하나님의 뜻을 묻고 그 뜻대로 합니다.

그러나 지혜롭지 못한 자는

항상 자기가 먼저 행동을 합니다.
자기 생각대로, 감정대로 행동하고
하나님 뜻일 거라고 합니다.
아무리 어려운 상황이라도
하나님의 뜻을 정확히 묻고 가는 것이,
그것이 빠른 길입니다.
그 기다림이 늦은 것 같지만 그것이 빠른 길입니다.
절대 늦지 않습니다.

그것이 바로 정도입니다.
그러나 이 시대 기독교인들,
하나님께 묻지 않고 혼자 결정하는 것이 왜 이리 많느냐..
하시면서 그것이 돌아가는 길임을 왜 모르느냐고 하십니다.
그것이 시간을 버리는 것입니다.
자신은 빨리 한다고 했지만 5분이면 될 것을
1시간, 2시간 걸려 낭비하는 꼴이 되는 것입니다.

오직 겸손히 하나님께 묻고 하나님 앞에 엎드리어
자신의 어리석음을 버리라고 하십니다.

자기 생각, 자기 것 주장하는 자가 어리석은 자입니다.
하나님 아버지가 항상 곁에 계신데
어찌 그에 인간의 것을 비교할 수 있단 말입니까.

2022년 한 해 하나님 말씀 앞에 얼마나 다가섰는가.
진정 2022년 한 해 하나님 앞에 얼마나 순종했는가.
라고 하나님이 묻고 계십니다.
각자가 자기 자신을 한번 돌아보십시오.
그리고 얼마 남지 않은 2022년의 시간을 멋지게 보내십시오.
최고로 보내십시오.

하루하루 버리는 시간 없이 승리하는 날이 되십시오.
승리는 다른 것이 승리가 아니라
하나님의 뜻대로 사는 것이 승리입니다.
하나님의 뜻을 구해서 하나님의 뜻대로 살았다면
그것이 승리입니다.

성령의 뜨거운 불이 타오르는 것, 2023년으로 미루지 마시고
오늘 지금 이 순간을 매일매일 사모하는 마음으로

성령의 불로 타오르십시오.

성령의 뜨거운 불, 아시지 않습니까.

불붙기 시작하면 번지는 것은 눈 하나 깜짝하는 사이입니다.

절대 희망을 버리지 마십시오.

기도의 끈을 놓지 마시고

소망을 갖고 끝까지 더 뜨겁게 다가서십시오.

2022년도 피날레 장식을 멋지게 해야 하지 않겠습니까.

여러분, 주 안에서 포기라는 단어는 없습니다.

우리들이 기도하는 끈을 놓지 말고 더 확실하게 잡아당겨서

예배와 철야 기도를 하라고 하십니다.

2022년도의 모든 것을 감사로 기도하시는 것이

2022년도 끝까지 멋지게 보내는 것이 되고

멋지게 마무리하는 것이 되고

2023년을 멋지게 준비하는 길이라고 말씀 주셨습니다.

하늘의 사명자

하늘의 사명자는 모든 것이 다 살아있어,
그 작은 세포까지도 뛰고 있는 것이 실제로 느껴져야 합니다.
하나님이 살아계시고 직접 직언을 주시는 생명의 현장인데
선한 빛 생명의 빛 교회 본질을 아셔야 합니다.
하나님이 직접 들려줘도 깨닫지 못하고 모르고 있다면
다시 한번 죽을 각오로 정신 차려 말씀을 들으셔야 합니다.

우리가 실제로 뜨겁게 전할 때
전하는 가운데 성령님이 함께하서서 능력이 임하고
하늘의 빛이 임해서 하늘이 드러날 것입니다.
여러분이야말로 하늘의 생수를 마시고 하늘의 참 생명을 먹는 자로써
어찌 가만히 있을 수 있겠습니까.

이제 하늘의 진리를 먹었으면 그 진리로 세상의 양심을 찔러보십시오.
그래서 하늘의 생명을 전하십시오.
하나님의 눈은 소외되고 고통받는 자들에게 있습니다.

진리의 빛에서 소외된 그들을 향해
계속하여 빛을 뿌리고 심고 가꾸셔야 합니다.

그래서 그 심는 기쁨, 가꿀 때 성장하는 그 기쁨으로
여러분 속에서 용솟음치게 하십시오.
그것이 바로 진리와 뜨거움의 원동력이 될 것입니다.
그래서 훨훨 타오르는 하늘의 횃불을 들고
바깥 어두운 세상을 향해 전진하십시오.
성령의 불을, 성령의 불꽃을 터뜨리십시오.
뜨거우면 분명 역사가 일어납니다.
역사가 일어날 때 하늘에서 영광을 받으십시오.

심장이 뛰지 않으면 죽은 것입니다.
영혼이 움직이지 않으면 죽은 것입니다.
생명을 살리는 일에 뜨겁게 계속 달구어야 합니다.
뜨겁게 달구어서 그 만든 불로 자기 먼저 뜨겁게 타올라야 합니다.
여기 선한 빛 생명의 빛이 얼마나 복된 장소인가.
감사와 깨달음이 있을 때 분명 영안이 열립니다.

함께하시는 예수님

예수 그리스도께서 십자가 위에서
온갖 고통을 다 당하시고 피 흘리신 그 은혜로
지금 모든 인류가 이렇게 자유함 속에서 풍족한 삶을 살고 있는데
특히 이 시대 기독교인들 모두 말입니다.
그런데 우리는 이에 대한 감사와 감각을 얼마나 느끼며 살고 있는가.

세상에서도 누군가에게 은혜를 입으면
그 사람을 위해 평생 모시며
그 사람을 위해서는 목숨도 아깝지 않을 정도로
그 은혜에 보답하느라 최선을 다하며 사는 사람도 있는데
우리는 지금 그럴 정도로
예수님을 내 삶에 직접 개입시키며 살고 있는가입니다.
그렇게 나의 모든 삶에 예수님을 개입시켜 함께하는 삶이
예수님을 외롭지 않게 하는 것이며 그 은혜에 보답하는 것입니다.

예수님의 생애를 보십시오.

태어나면서 죽을 때까지 얼마나 홀로 외로운 삶을 살다 가셨습니까.

예수님은 오로지 나를 위해 그 많은 일을 하셨는데

우리의 진심은 우리가 세상을 살아갈 때

필요할 때만 예수님 앞에 나타났고

예수님은 그 외의 전 인생을 홀로 외로이 보내셨습니다.

아무리 많은 군중 속에 있다 해도

언제나 그 마음이 채워지지 않는 공허감이었고

함께하려 부르고 불렀지만 다 떠나가 버렸습니다.

예수님이 외롭지 않도록 내 삶의 중심에 언제나 모셔드리십시오.

최선을 다해 모셔드릴 때

예수님이 외롭지 않고 기쁘게 하는 것입니다.

무슨 일을 하든 예수님에게 기쁨을 주기 위해 해 보십시오.

그럴 때 주님께서도 나와 함께 하시기에

외롭고 쓸쓸하지 않을 것입니다.

거룩한 생명의 씨앗

초판 1쇄 발행 2022. 12. 17.

지은이　유지원
펴낸곳　도서출판 소망
주 소　10252 경기도 고양시 일산동구 고봉로 776-92
전 화　031-976-8970
팩 스　031-976-8971
이메일　somangsa77@daum.net
등 록　(제48호) 2015년 9월 16일
ISBN　979-11-981157-1-3　03230

책값은 뒤표지에 있습니다.

하나님 음성에 귀기울이기!!
하나님이 지으신 자연 만물 속에 들어가서
충만한 생명의 소리를 듣고 싱싱하게 살아 있는 기쁨의 율동을 느끼고 싶어진다.

자유로운 내 영혼의 허밍 코러스(Humming Chorus)는
성령의 바람을 타고 지금 온 세상 사방팔방으로 울려 퍼집니다.